# CONTEÚDO DIGITAL PARA ALUNOS
Cadastre-se e transforme seus estudos em uma experiência única de aprendizado:

**1** Entre na página de cadastro:
https://sistemas.editoradobrasil.com.br/cadastro

**2** Além dos seus dados pessoais e dos dados de sua escola, adicione ao cadastro o código do aluno, que garantirá a exclusividade do seu ingresso à plataforma.

5484245A2422304

**3** Depois, acesse: https://leb.editoradobrasil.com.br/
e navegue pelos conteúdos digitais de sua coleção :D

*Lembre-se de que esse código, pessoal e intransferível, é valido por um ano. Guarde-o com cuidado, pois é a única maneira de você acessar os conteúdos da plataforma.*

Editora do Brasil

# AKPALÔ CIÊNCIAS

COLEÇÃO AKPALÔ

**Denise Bigaiski**
- Licenciada em Ciências Biológicas pela Universidade Federal do Paraná (UFPR)
- Pós-graduada em Magistério Superior
- Professora do Ensino Fundamental

**Lilian Sourient**
- Licenciada em Ciências Sociais pela Universidade Federal do Paraná (UFPR)
- Professora do Ensino Fundamental

1º ANO
Ensino Fundamental
Anos Iniciais

CIÊNCIAS

AKPALÔ
Palavra de origem africana que significa "contador de histórias, aquele que guarda e transmite a memória do seu povo".

São Paulo, 2019
4ª edição

Editora do Brasil

**Dados Internacionais de Catalogação na Publicação (CIP)**
**(Câmara Brasileira do Livro, SP, Brasil)**

Bigaiski, Denise
  Akpalô ciências 1º ano / Denise Bigaiski, Lilian Sourient. – 4. ed. – São Paulo : Editora do Brasil, 2019. – (Coleção akpalô)

  ISBN 978-85-10-07387-5 (aluno)
  ISBN 978-85-10-07388-2 (professor)

  1. Ciências (Ensino fundamental) I. Sourient, Lilian. II. Título. III. Série.

19-26254                        CDD-372.35

Índices para catálogo sistemático:
1. Ciências : Ensino fundamental 372.35
Iolanda Rodrigues Biode - Bibliotecária - CRB-8/10014

4ª edição / 3ª impressão, 2024
**Impressão e acabamento**
Lar Anália Franco (Grafilar Centro Profissionalizante Gráfica e Editora)

Avenida das Nações Unidas, 12901
Torre Oeste, 20º andar
São Paulo, SP – CEP: 04578-910
Fone: +55 11 3226-0211
www.editoradobrasil.com.br

© Editora do Brasil S.A., 2019
*Todos os direitos reservados*

**Direção-geral:** Vicente Tortamano Avanso

**Direção editorial:** Felipe Ramos Poletti
**Gerência editorial:** Erika Caldin
**Supervisão de arte e editoração:** Cida Alves
**Supervisão de revisão:** Dora Helena Feres
**Supervisão de iconografia:** Léo Burgos
**Supervisão de digital:** Ethel Shuña Queiroz
**Supervisão de controle de processos editoriais:** Marta Dias Portero
**Supervisão de direitos autorais:** Marilisa Bertolone Mendes

**Supervisão editorial:** Angela Sillos
**Coordenação pedagógica:** Josiane Sanson
**Edição:** Ana Caroline Rodrigues de M. Santos
**Assistência editorial:** Camila Marques
**Auxílio editorial:** Luana Agostini
**Copidesque:** Gisélia Costa, Ricardo Liberal e Sylmara Beletti
**Revisão:** Alexandra Resende, Andréia Andrade, Elaine Silva e Martin Gonçalves
**Pesquisa iconográfica:** Daniel Andrade e Tamiris Marcelino
**Assistência de arte:** Josiane Batista
**Design gráfico:** Estúdio Sintonia e Patrícia Lino
**Capa:** Megalo Design
**Imagens de capa:** oscarhdez/iStockphoto.com, stanfram/iStockphoto.com e Steve Debenport/iStockphoto.com
**Ilustrações:** Anderson Cássio, Confor-Pedro, Dam Ferreira, Dawidson França, Desenhorama, Eduardo Belmiro, Fabiana Salomão (abertura de unidade), Fabio Nienow, Henrique Machado, Ilustra Cartoon, João P. Mazzoco, Karina Faria, Leonardo Conceição, Lucas Busatto, Marco Cortez, Marcos de Mello, Michel Borges, Paulo César Pereira, Rafael Herrera, Reinaldo Vignati, Saulo Nunes Marques e Will Silva
**Coordenação de editoração eletrônica:** Abdonildo José de Lima Santos
**Editoração eletrônica:** Daniel Campos Souza, Flávia Jaconis e Ricardo Brito
**Licenciamentos de textos:** Cinthya Utiyama, Jennifer Xavier, Paula Harue Tozaki e Renata Garbellini
**Controle de processos editoriais:** Bruna Alves, Carlos Nunes, Rafael Machado e Stephanie Paparella

### QUERIDO ALUNO,

ESTE LIVRO FOI PENSADO E PRODUZIDO PARA VOCÊ, QUE SENTE PRAZER EM CONHECER CADA VEZ MAIS O MUNDO EM QUE VIVEMOS.

AO UTILIZÁ-LO, COM A ORIENTAÇÃO DO PROFESSOR, VOCÊ APRENDERÁ MUITAS COISAS SOBRE O SEU CORPO, A ALIMENTAÇÃO DE BOA QUALIDADE E A IMPORTÂNCIA DOS HÁBITOS DE HIGIENE PARA VIVER COM SAÚDE E BEM-ESTAR.

VAI APRENDER TAMBÉM A CONTAR O TEMPO, OU SEJA, A HORA, O DIA, O MÊS E O ANO, E COMO ELE SE SUCEDE. VAI CONHECER AINDA OS SERES QUE SÃO ATIVOS DURANTE O DIA E OS QUE SÃO ATIVOS DURANTE A NOITE.

ALÉM DISSO, VOCÊ VAI SABER MUITO MAIS DOS OBJETOS QUE USAMOS NO DIA A DIA E DE QUE MATERIAIS SÃO FEITOS.

PARA QUE TUDO ISSO ACONTEÇA, ESTEJA ATENTO AO QUE O PROFESSOR E OS COLEGAS DIZEM, FAÇA PERGUNTAS, BUSQUE APRENDER E SEJA CRÍTICO. PARTICIPE DOS TRABALHOS EM EQUIPE E DISCUTA AS IDEIAS, RESPEITANDO A OPINIÃO DE TODOS.

SUA ATUAÇÃO PODE FAZER A DIFERENÇA PARA TORNAR O MUNDO MELHOR E MAIS JUSTO!

APROVEITE BEM ESTE ANO!

AS AUTORAS

MARCOS DE MELLO

# SUMÁRIO

## UNIDADE 1
### QUEM SOMOS? ........................... 6

**CAPÍTULO 1: NOSSO CORPO** ..................... 8
O CORPO EM MOVIMENTO .................... 8
COMO É O MEU CORPO? ..................... 10

**CAPÍTULO 2: SOMOS IGUAIS E DIFERENTES** ..... 14
SEMELHANÇAS E DIFERENÇAS ................ 14
CADA PESSOA É ÚNICA ..................... 15
VIVA A DIFERENÇA! ....................... 17
  ▸ **#DIGITAL:** BRINCADEIRAS INDÍGENAS ..... 19

▸ **CIÊNCIAS EM AÇÃO:** UM SUCESSO NA NATAÇÃO ............................. 21
▸ **REVENDO O QUE APRENDI** ................ 22
▸ **NESTA UNIDADE VIMOS** .................. 24
▸ **PARA IR MAIS LONGE** ................... 25

## UNIDADE 2
### SAÚDE EM PRIMEIRO LUGAR ........... 26

**CAPÍTULO 1: VAMOS CUIDAR DA SAÚDE** ........ 28
ATITUDES SAUDÁVEIS ...................... 28
HÁBITOS DE HIGIENE ...................... 29
COMER PARA QUÊ? ........................ 34

**CAPÍTULO 2: COMO PERCEBEMOS O AMBIENTE** ............................. 38
UM PASSEIO DIFERENTE ................... 38
NOSSOS SENTIDOS ........................ 39
  ▸ **COMO EU VEJO:** OS CUIDADOS NA INFÂNCIA ............................ 46
  ▸ **COMO EU TRANSFORMO:** NOSSA VIDA MAIS SAUDÁVEL ....................... 48

▸ **CIÊNCIAS EM AÇÃO:** CUIDANDO DOS DENTES ... 49
▸ **REVENDO O QUE APRENDI** ................ 50
▸ **NESTA UNIDADE VIMOS** .................. 52
▸ **PARA IR MAIS LONGE** ................... 53

## UNIDADE 3
### O AMBIENTE AO MEU REDOR ......... 54

**CAPÍTULO 1:** O AMBIENTE E OS SERES VIVOS ..... 56
VARIEDADE DE SERES VIVOS ................... 56
ANIMAIS DE TODO JEITO ..................... 57
PLANTAS DE TODO JEITO ..................... 66

**CAPÍTULO 2:** PASSAGEM DO TEMPO NO AMBIENTE ................................... 70
DIA OU NOITE NA CIDADE ................... 70
OBSERVANDO O PASSAR DO DIA ............ 71
DIA APÓS DIA ..................................... 76
- **#DIGITAL:** ANIMAIS NOTURNOS ............ 80

- **HORA DA LEITURA:** O GATO, A GOTA E O PULO ... 81
- **REVENDO O QUE APRENDI** ............................ 82
- **NESTA UNIDADE VIMOS** ............................... 84
- **PARA IR MAIS LONGE** .................................. 85

## UNIDADE 4
### MATERIAIS NO DIA A DIA ................ 86

**CAPÍTULO 1:** DE QUE OS OBJETOS SÃO FEITOS? ..................................... 88
QUE MATERIAL USAR? ........................... 88
CONHECENDO ALGUNS MATERIAIS ......... 89
CARACTERÍSTICAS DOS MATERIAIS ......... 92

**CAPÍTULO 2:** USAR E REUTILIZAR ..................... 94
REUTILIZAR E CRIAR .............................. 94
REUTILIZAÇÃO DE MATERIAIS ................ 95
- **COMO EU VEJO:** A ALEGRIA DE COMPARTILHAR ................................ 98
- **COMO EU TRANSFORMO:** O USO E O COMPARTILHAMENTO .............................. 100

- **HORA DA LEITURA:** ÁRVORE-DA-VIDA ............ 101
- **REVENDO O QUE APRENDI** ............................ 102
- **NESTA UNIDADE VIMOS** ............................... 104
- **PARA IR MAIS LONGE** .................................. 105

**ATIVIDADES PARA CASA** ................................ 106
**REFERÊNCIAS** ................................................. 122
**ENCARTES** ..................................................... 123

- O QUE AS CRIANÇAS DA IMAGEM ESTÃO FAZENDO?
- QUE PARTES DO CORPO ELAS ESTÃO MOVIMENTANDO?
- O QUE ELAS TÊM DE IGUAL? E DE DIFERENTE?
- ELAS PARECEM ESTAR SAUDÁVEIS?

# CAPÍTULO 1 — NOSSO CORPO

## O CORPO EM MOVIMENTO

CANTE A MÚSICA E DANCE COM SEUS COLEGAS.

**FUI AO MERCADO**

FUI AO MERCADO COMPRAR CAFÉ
VEIO A FORMIGUINHA E PICOU MEU PÉ
E EU SACUDI, SACUDI, SACUDI,
MAS A FORMIGUINHA NÃO PARAVA DE SUBIR
[...]

FUI AO MERCADO COMPRAR MAMÃO
VEIO A FORMIGUINHA
E PICOU A MINHA MÃO
E EU SACUDI, SACUDI, SACUDI,
MAS A FORMIGUINHA
NÃO PARAVA DE SUBIR
[...]

DOMÍNIO PÚBLICO.

1. LOCALIZE NA IMAGEM AS PARTES DO CORPO CITADAS NA MÚSICA E CIRCULE-AS.

## NA PRÁTICA

1. FORME DUPLA COM UM COLEGA. O PROFESSOR ENTREGARÁ A CADA DUPLA DUAS FOLHAS GRANDES DE PAPEL.
2. AFIXEM O PAPEL NO CHÃO COM FITA ADESIVA.
3. UM DE VOCÊS IRÁ SE DEITAR SOBRE O PAPEL. O OUTRO DEVE CONTORNAR O CORPO DE QUEM DEITOU COM LÁPIS DE COR, CANETA HIDROGRÁFICA OU GIZ DE CERA. DEPOIS INVERTAM AS POSIÇÕES.

▶ PARA FACILITAR O DESENHO, VOCÊ PODE FIXAR O PAPEL NO CHÃO COM FITA ADESIVA, ANTES DE SE DEITAR SOBRE ELE.

4. DESENHEM E PINTEM DETALHES DO PRÓPRIO CORPO, COMO CABELOS, OLHOS, NARIZ. DESENHE A ROUPA QUE PREFERIR.
5. COM A AJUDA DO PROFESSOR, RECORTEM O CONTORNO DO CORPO.
6. AGORA, INDIVIDUALMENTE, COMPARE O DESENHO DO CONTORNO DE SEU CORPO COM O DOS COLEGAS. DEPOIS, RESPONDA ÀS QUESTÕES.

**1** O QUE O DESENHO DO CONTORNO DO CORPO DE VOCÊS TEM EM COMUM?

**2** TODOS VOCÊS TÊM A MESMA ALTURA? PARA RESPONDER, MARQUE UM **X** NO QUADRINHO.

☐ SIM.     ☐ NÃO.

**3** QUAIS COLEGAS TÊM A MESMA ALTURA?

# COMO É O MEU CORPO?

TODOS NÓS TEMOS UM CORPO.

LEIA COM O PROFESSOR O NOME DADO A ALGUMAS PARTES DO CORPO. SE SOUBER O NOME DE OUTRAS PARTES, ESCREVA-AS COM A AJUDA DO PROFESSOR.

DEPOIS, CONVERSE COM OS COLEGAS SOBRE TUDO O QUE PODEMOS FAZER USANDO ESSAS PARTES DO CORPO.

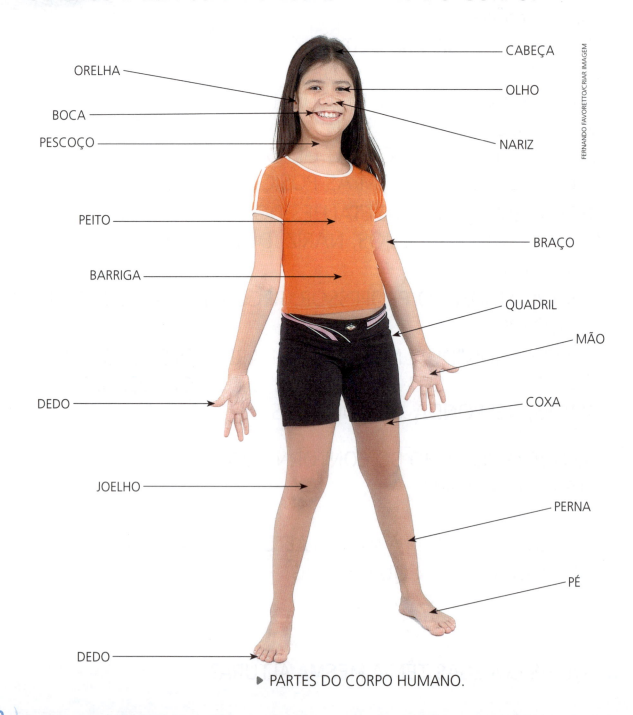

▶ PARTES DO CORPO HUMANO.

## UM POUCO MAIS SOBRE

### O CORPO POR DENTRO

APERTE SEU BRAÇO E SUA COXA. VOCÊ SENTE QUE HÁ PARTES DURAS DENTRO DELES? SÃO OS OSSOS DE SEU CORPO.

VOCÊ JÁ QUEBROU ALGUM OSSO OU CONHECE ALGUÉM QUE TENHA TIDO UMA FRATURA ÓSSEA?

UM OSSO FRATURADO PODE SE RECUPERAR COM O TEMPO. OBSERVE AS RADIOGRAFIAS ABAIXO. NESSES EXAMES, OS OSSOS APARECEM COMO REGIÕES CLARAS.

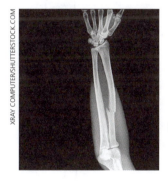
▶ RADIOGRAFIA DE OSSO DE UM BRAÇO FRATURADO.

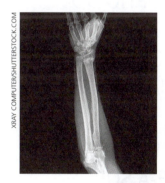
▶ O MESMO OSSO APÓS UM MÊS, JÁ RECUPERADO.

**1** OS OSSOS MOSTRADOS NA RADIOGRAFIA AO LADO SÃO DE QUE PARTE DO CORPO?

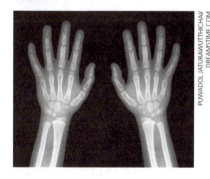

**2** APALPE SUAS MÃOS E COMPARE-AS COM A IMAGEM DA RADIOGRAFIA. DEPOIS, MARQUE UM **X** NO DEDO DA IMAGEM QUE CORRESPONDE A SEU DEDO POLEGAR DIREITO.

**3** SE UMA PESSOA QUEBRAR OS OSSOS DE UMA DAS MÃOS E TIVER DE FICAR COM ELA IMOBILIZADA, QUE ATIVIDADES ELA TERÁ DIFICULDADE PARA FAZER?

**4** COMO SERIA SEU CORPO SEM OS OSSOS?

# ATIVIDADES

**1** O QUE TEM DENTRO DO SEU CORPO? CONTE AOS COLEGAS E AO PROFESSOR.

**2** REÚNA-SE COM UM COLEGA E DESENHE NO CONTORNO DO CORPO AO LADO OS ÓRGÃOS QUE VOCÊS MENCIONARAM.

**3** DESTAQUE A PÁGINA 123, COLE-A SOBRE UMA CARTOLINA, ESPERE SECAR E RECORTE AS PEÇAS NOS PONTILHADOS. COM UM PEDAÇO DE BARBANTE, PRENDA AS PEÇAS PARA MONTAR O BONECO.

MOSTRE AOS COLEGAS E AO PROFESSOR O BONECO QUE VOCÊ MONTOU E INDIQUE NELE AS PARTES DO CORPO.

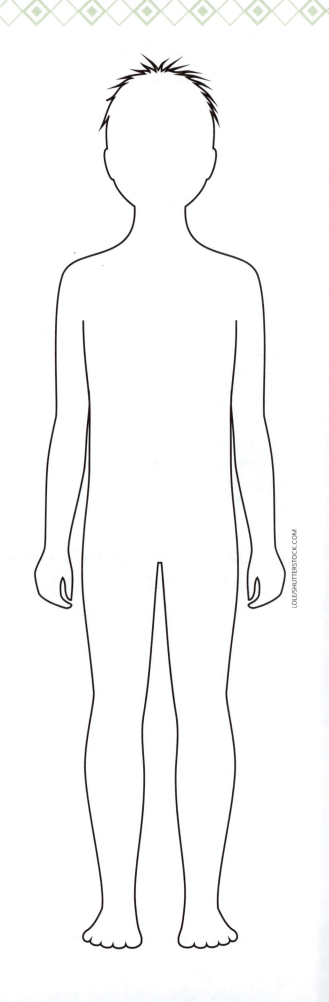

LOLE/SHUTTERSTOCK.COM

**4** COMPLETE O NOME DAS PARTES DO CORPO COM AS VOGAIS QUE FALTAM. EM SEGUIDA, RELACIONE CADA NOME A UMA ILUSTRAÇÃO.

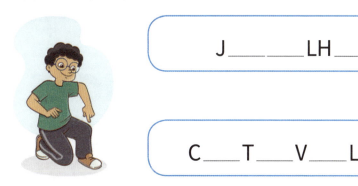

J___ ___LH___

C___T___V___L___

**5** FAÇA AS ATIVIDADES A SEGUIR NO PÁTIO COM O PROFESSOR E OS COLEGAS. DEPOIS, RESPONDA ÀS QUESTÕES.

A) ANDE COM UMA PERNA SÓ. VOCÊ SENTIU FALTA DA OUTRA?

B) CRUZE OS BRAÇOS ATRÁS DO TRONCO E TENTE BRINCAR. VOCÊ SENTIU FALTA DOS BRAÇOS?

**6** ALGUMAS PESSOAS NASCEM SEM UM OU SEM OS DOIS BRAÇOS OU PERNAS. HÁ OUTRAS QUE TÊM OS MEMBROS, MAS NÃO PODEM MOVIMENTÁ-LOS. E HÁ TAMBÉM PESSOAS QUE PERDEM UM MEMBRO OU OS MOVIMENTOS DELE POR CAUSA DE UM ACIDENTE OU DOENÇA.

▶ ARTHUR RICARDO DAVID HIRCHE PINTA TELAS COM A BOCA. OS MOVIMENTOS DE SEUS BRAÇOS E MÃOS SÃO LIMITADOS.

A) VOCÊ CONHECE ALGUMA PESSOA QUE TENHA NECESSIDADES ESPECIAIS? COMO É O DIA A DIA DELA?

# CAPÍTULO 2 — SOMOS IGUAIS E DIFERENTES

## SEMELHANÇAS E DIFERENÇAS

AS PESSOAS PODEM TER CARACTERÍSTICAS FÍSICAS PARECIDAS OU DIFERENTES. PODEM TAMBÉM TER GOSTOS E PREFERÊNCIAS SEMELHANTES OU DIFERENTES.

1. DE QUE CADA CRIANÇA DA IMAGEM GOSTA DE BRINCAR?

2. E VOCÊ, O QUE MAIS GOSTA DE FAZER? USE MÍMICA PARA MOSTRAR AOS COLEGAS.

3. SEU GOSTO É O MESMO QUE O DE SEUS COLEGAS?

4. JUNTOS, COMPAREM AS CARACTERÍSTICAS FÍSICAS DE VOCÊS, COMO COR DE CABELO, DOS OLHOS E PELE. O QUE HÁ DE IGUAL E O QUE HÁ DE DIFERENTE?

# CADA PESSOA É ÚNICA

OBSERVE AS CRIANÇAS DESTAS FOTOGRAFIAS. ELAS SÃO SEMELHANTES OU NÃO?

▶ AS PESSOAS SÃO SEMELHANTES, MAS TÊM CARACTERÍSTICAS FÍSICAS QUE AS DIFERENCIAM UMAS DAS OUTRAS.

ELAS SÃO PARECIDAS, POIS TÊM CABEÇA, OLHOS, NARIZ, BOCA E PESCOÇO, ENTRE OUTRAS PARTES DO CORPO.

ELAS SÃO DIFERENTES, POIS AS CARACTERÍSTICAS FÍSICAS, COMO CABELO, COR DA PELE E DOS OLHOS, VARIAM. ALÉM DISSO, CADA PESSOA TEM SUAS PREFERÊNCIAS E SEU MODO DE SER.

NÃO EXISTEM CARACTERÍSTICAS FÍSICAS MELHORES OU PIORES QUE OUTRAS, ELAS SÃO APENAS DIFERENTES.

SOMOS TODOS SEMELHANTES E TODAS AS PESSOAS MERECEM SER TRATADAS COM RESPEITO.

TRATE AS PESSOAS COMO GOSTARIA DE SER TRATADO!

VOCÊ GOSTARIA DE VIVER EM UM MUNDO ONDE AS PESSOAS FOSSEM EXATAMENTE IGUAIS?

A CONVIVÊNCIA COM PESSOAS DIFERENTES TORNA O MUNDO MAIS INTERESSANTE.

# ATIVIDADES

**1** O PROFESSOR MONTARÁ UMA TABELA NA LOUSA COM INFORMAÇÕES SOBRE CARACTERÍSTICAS FÍSICAS DOS ALUNOS. COM BASE NELA, RESPONDA MARCANDO UM **X** EM TODAS AS POSSIBILIDADES:

A) DE QUE COR SÃO OS OLHOS DOS ALUNOS?

☐ AZUIS. ☐ CASTANHOS.

☐ VERDES. ☐ OUTRA.

B) QUAL É A COR DO CABELO DOS ALUNOS?

☐ LOIRO. ☐ CASTANHO.

☐ PRETO. ☐ OUTRA.

C) DE QUE COR É A PELE DOS ALUNOS?

☐ NEGRA. ☐ BRANCA.

☐ AMARELA. ☐ PARDA.

**2** EM UMA FOLHA DE PAPEL AVULSA, DESENHE UMA PESSOA DE SEU CONVÍVIO OU TRAGA DE CASA UMA FOTOGRAFIA DELA. APRESENTE SEU MATERIAL À TURMA E COMENTE AS CARACTERÍSTICAS FÍSICAS DESSA PESSOA.

**3** DE ACORDO COM A CONDIÇÃO FÍSICA, AS PESSOAS TÊM DIFERENTES NECESSIDADES. OBSERVE OS SÍMBOLOS ABAIXO E IDENTIFIQUE A CONDIÇÃO FÍSICA QUE CADA UM REPRESENTA.

LUCAS BUSATTO

# VIVA A DIFERENÇA!

ASSIM COMO OCORRE COM A APARÊNCIA FÍSICA, AS PESSOAS TÊM OUTRAS CARACTERÍSTICAS SEMELHANTES OU DIFERENTES. SÃO EXEMPLOS A VOZ, O MODO DE FALAR, O JEITO DE SER E AS PREFERÊNCIAS.

VEJA, POR EXEMPLO, OS AMIGOS LUCAS E MANUELA.

**O QUE ELES TÊM EM COMUM:**

- GOSTAM DE ANIMAIS DE ESTIMAÇÃO;
- GOSTAM DE AJUDAR OUTRAS PESSOAS;
- ADORAM PRATICAR ESPORTES.

**EM QUE ELES SÃO DIFERENTES:**

- LUCAS GERALMENTE É CALMO E FALANTE. ELE GOSTA DE LER, JOGAR *VIDEO GAME* E CONVERSAR COM AS PESSOAS;
- MANUELA É MAIS AGITADA. ELA GOSTA DE JOGAR BOLA, ANDAR DE BICICLETA E SE ESFORÇA PARA SER ATENCIOSA COM AS PESSOAS.

SE OLHARMOS EM VOLTA, VEREMOS QUE AS PESSOAS TÊM CARACTERÍSTICAS MUITO DIFERENTES UMAS DAS OUTRAS TAMBÉM QUANTO ÀS SUAS PREFERÊNCIAS. ISSO SE CHAMA **DIVERSIDADE**.

É PRECISO RESPEITAR A TODOS, ACEITANDO AS DIFERENÇAS E ACOLHENDO AS PESSOAS COMO ELAS SÃO.

## ATIVIDADES

**1** NOS ESPAÇOS A SEGUIR, DESENHE O QUE SE PEDE.

A) SUA FRUTA FAVORITA

B) SEU ANIMAL FAVORITO

C) SEU BRINQUEDO PREFERIDO

D) SUA ROUPA PREFERIDA

**2** COMPARE SEUS DESENHOS COM OS DE UM COLEGA.

A) VOCÊS TÊM OS MESMOS GOSTOS E PREFERÊNCIAS?

B) QUE GOSTO VOCÊS TÊM EM COMUM?

C) QUE GOSTOS DIFERENTES VOCÊS TÊM?

## BRINCADEIRAS INDÍGENAS

COMO SERÃO AS BRINCADEIRAS DAS CRIANÇAS INDÍGENAS DO NOSSO PAÍS?

▶ CRIANÇAS DA ETNIA KUIKURO BRINCANDO COM ARCO E FLECHA. JUQUITIBA, SÃO PAULO, 2013.

PARA SABER MAIS A ESSE RESPEITO, VOCÊ FARÁ UMA PESQUISA NA INTERNET.

1. PARA COMEÇAR, LEIA O TEXTO ABAIXO COM O PROFESSOR E OS COLEGAS E CONVERSEM SOBRE ELE.

> A INTERNET É UMA GRANDE REDE DE COMPUTADORES E TELEFONES CELULARES QUE CONECTA PESSOAS DO MUNDO INTEIRO.
> ESSAS PESSOAS PODEM TROCAR MENSAGENS ESCRITAS OU FALADAS, OUVIR MÚSICA, ACESSAR JOGOS *ON-LINE* E OBTER MUITAS INFORMAÇÕES POR MEIO DE *SITES* DE BUSCA.

2. COM O PROFESSOR E OS COLEGAS, DIRIJAM-SE A UM COMPUTADOR CONECTADO À INTERNET.
3. O PROFESSOR VAI ACESSAR UM *SITE* DE BUSCA E DIGITAR: "BRINCADEIRAS INDÍGENAS". DEPOIS, ELE ACESSARÁ ALGUNS DOS *SITES* DISPONÍVEIS.
4. OBSERVE O QUE APARECERÁ NOS *SITES*. DEPOIS CONTE AOS COLEGAS O QUE VOCÊ VIU DE MAIS INTERESSANTE.

## CHAMANDO PARA O DEBATE

VOCÊ SABIA QUE EM NOSSO PAÍS, O BRASIL, TODAS AS CRIANÇAS TÊM OS MESMOS **DIREITOS**? EXISTE UMA LEI CHAMADA ESTATUTO DA CRIANÇA E DO ADOLESCENTE QUE GARANTE ESSES DIREITOS.

LEIA COM A TURMA ALGUNS DESSES DIREITOS:

▶ CRIANÇAS BRINCANDO.

- DIREITO À EDUCAÇÃO GRATUITA E DE QUALIDADE.
- DIREITO ÀS BRINCADEIRAS INFANTIS.
- DIREITO A UMA BOA ALIMENTAÇÃO, MORADIA, E ASSISTÊNCIA MÉDICA.
- CRIANÇAS COM DEFICIÊNCIA FÍSICA OU INTELECTUAL DEVEM RECEBER EDUCAÇÃO E CUIDADOS ESPECIAIS.
- DIREITO A CRESCER EM UM AMBIENTE DE AMOR, COMPREENSÃO E SEGURANÇA POR PARTE DA FAMÍLIA OU INSTITUIÇÃO SOCIAL.
- A CRIANÇA NÃO DEVE SER OBRIGADA A TRABALHAR COMO ADULTO.
- NENHUMA CRIANÇA PODE SER MALTRATADA.

FONTES: ORGANIZAÇÃO DAS NAÇÕES UNIDAS. *DECLARAÇÃO DOS DIREITOS DA CRIANÇA*, 1959; BRASIL, LEI Nº 8.069, DE 13 DE JULHO DE 1990. *ESTATUTO DA CRIANÇA E DO ADOLESCENTE*.

> **GLOSSÁRIO**
>
> **DIREITO:** UMA CONQUISTA OU ALGO QUE BENEFICIA UMA PESSOA E É GARANTIDO POR LEI.

**1** SERÁ QUE OS DIREITOS DE TODAS AS CRIANÇAS SÃO RESPEITADOS?

# CIÊNCIAS EM AÇÃO

## UM SUCESSO NA NATAÇÃO

LEIA A ENTREVISTA COM DANIEL DIAS, UM ATLETA PARAOLÍMPICO BRASILEIRO.

DANIEL DIAS NASCEU COM OS BRAÇOS E A PERNA DIREITA INCOMPLETOS. ELE PARTICIPOU DAS PARAOLIMPÍADAS EM 2008, 2012 E 2016 E CONQUISTOU 24 MEDALHAS NO TOTAL.

### DANIEL DIAS

**COMO VOCÊ CONSEGUE MANTER SUA FORMA FÍSICA?**

COM ALIMENTAÇÃO DE QUALIDADE, SUPERVISIONADA POR NUTRICIONISTA ESPORTIVA, PRÁTICA REGULAR DE ATIVIDADES FÍSICAS E TREINAMENTOS COM O ACOMPANHAMENTO DE PROFISSIONAIS DA ÁREA.

▶ DANIEL DIAS É O NADADOR QUE CONQUISTOU O MAIOR NÚMERO DE MEDALHAS EM PARAOLIMPÍADAS. JOGOS PARALÍMPICOS, RIO DE JANEIRO, 2016.

**QUE CONHECIMENTOS CIENTÍFICOS ESSES PROFISSIONAIS DEVEM TER?**

ALÉM DO CONHECIMENTO NA ÁREA DELES, COMO NUTRIÇÃO E EDUCAÇÃO FÍSICA, DEVEM CONHECER O ESPORTE DO ATLETA – NO MEU CASO, A NATAÇÃO. CADA ESPORTE EXIGE O CONSUMO DE CERTA QUANTIDADE DE NUTRIENTES E MAIOR USO DE DETERMINADOS MÚSCULOS.

**VOCÊ ACREDITA QUE SEU SUCESSO NOS ESPORTES INCENTIVA PESSOAS COM DEFICIÊNCIA E AJUDA NA INTEGRAÇÃO DELAS?**

ACREDITO QUE SIM, PORQUE É UMA DEMONSTRAÇÃO DE QUE O ESPORTE É UMA EXCELENTE FERRAMENTA DE INTEGRAÇÃO SOCIAL.

**1** COM OS COLEGAS E O PROFESSOR, ELABORE PERGUNTAS SOBRE ATIVIDADES ESPORTIVAS E, EM SEGUIDA, ENTREVISTEM UM PROFESSOR DE EDUCAÇÃO FÍSICA.

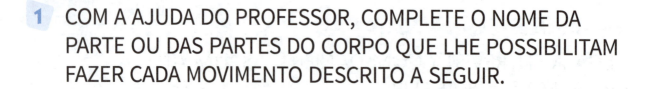

# REVENDO O QUE APRENDI

1. COM A AJUDA DO PROFESSOR, COMPLETE O NOME DA PARTE OU DAS PARTES DO CORPO QUE LHE POSSIBILITAM FAZER CADA MOVIMENTO DESCRITO A SEGUIR.

   A) DOBRAR OS BRAÇOS: C____T____V____L____.

   B) VIRAR A CABEÇA: P____SC____Ç____.

   C) ESCREVER USANDO LÁPIS: M_____ E BR____Ç____.

   D) DOBRAR AS PERNAS: J_____LH____S.

   E) CAMINHAR: P____RN____S E P____S.

2. OBSERVE A OBRA *OPERÁRIOS*, DA PINTORA BRASILEIRA TARSILA DO AMARAL (1886-1973), E RESPONDA ÀS QUESTÕES.

▶ TARSILA DO AMARAL. *OPERÁRIOS*, 1933. ÓLEO SOBRE TELA, 1,50 M × 2,05 M.

   A) QUE PARTE DO CORPO DAS PESSOAS FOI RETRATADA NA PINTURA?

   B) HÁ SEMELHANÇAS ENTRE AS PESSOAS RETRATADAS? QUAIS?

   C) QUAIS SÃO AS DIFERENÇAS ENTRE ELAS?

**3** OBSERVE A PINTURA A SEGUIR. SUPONHA QUE AS PESSOAS FORAM PASSEAR NO PARQUE E ESTÃO FELIZES, FAZENDO O QUE GOSTAM.

▶ BARBARA ROCHLITZ. *BRINCADEIRAS*, 2010. ÓLEO SOBRE TELA, 30 CM × 40 CM.

A) QUANTAS PESSOAS HÁ NO QUADRO? _____.

B) DO QUE ELAS GOSTAM DE BRINCAR?

C) VOCÊ E SEUS COLEGAS GOSTAM DAS MESMAS BRINCADEIRAS?

☐ SIM.   ☐ NÃO.

D) DEVEMOS RESPEITAR O GOSTO DOS COLEGAS?

☐ SIM.   ☐ NÃO.

E) O QUE PODE SER FEITO SE VOCÊ E OS COLEGAS QUISEREM BRINCAR DE COISAS DIFERENTES?

☐ NÃO BRINCAR.

☐ BRINCAR UM POUCO DE CADA BRINCADEIRA.

☐ SORTEAR A BRINCADEIRA.

## NESTA UNIDADE VIMOS

- O CORPO HUMANO É FORMADO POR PARTES, COMO CABEÇA, BOCA, BRAÇOS E PERNAS, COTOVELOS, MÃOS, JOELHOS E PÉS.

- AS PESSOAS TÊM CARACTERÍSTICAS FÍSICAS, COMO COR DOS OLHOS, COR DA PELE, COR DOS CABELOS, TIPO DE CABELO, FORMATO DOS OLHOS E ALTURA, QUE PODEM SER IGUAIS OU DIFERENTES.

- AS PESSOAS TÊM GOSTOS E JEITOS DIFERENTES.

- TODAS ELAS TÊM DIREITOS QUE DEVEM SER RESPEITADOS.

▶ ORGANIZAÇÃO DO CORPO HUMANO, CONFORME VISTO NA PÁGINA 10.

▶ CRIANÇAS TÊM DIREITOS, CONFORME VISTO NA PÁGINA 20.

**PARA FINALIZAR, RESPONDA:**

▶ DIGA O NOME DE ALGUMAS PARTES DO CORPO HUMANO E AS FUNÇÕES DELAS.

▶ EM QUE AS PESSOAS PODEM SER PARECIDAS? E DIFERENTES?

▶ COMO DEVEMOS TRATAR AS DIFERENÇAS ENTRE AS PESSOAS?

# PARA IR MAIS LONGE

## LIVROS

▶ **JEITO DE SER**, DE NYE RIBEIRO. SÃO PAULO: EDITORA DO BRASIL, 2013.

O LIVRO NOS LEVA A PENSAR EM NÓS MESMOS E NOS OUTROS, MOSTRANDO QUE SER ÚNICO E DIFERENTE É LEGAL.

▶ **ARMANDO E AS DIFERENÇAS**, DE MÔNICA GUTTMANN. SÃO PAULO: PAULUS, 2008.

NESSE LIVRO PODEMOS OBSERVAR AS DIFERENÇAS ENTRE AS PESSOAS E PERCEBER QUE OS DIREITOS SÃO IGUAIS PARA TODOS.

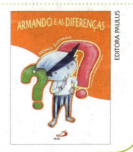

## SITES

▶ **CORPO HUMANO**: <www.escolagames.com.br/jogos/corpohumano>.

JOGO NO QUAL É POSSÍVEL IDENTIFICAR AS DIFERENTES PARTES DO CORPO HUMANO E, DEPOIS, USÁ-LAS EM UMA DIVERTIDA PARTIDA DE BIRIBOL.

▶ **O JOGO DO CORPO**: <www.nossoclubinho.com.br/jogo-educativo-corpo-humano>.

JOGO EM QUE SE RELACIONAM AS DIFERENTES PARTES DO CORPO HUMANO A SEUS NOMES CORRETOS.

## VISITAÇÃO

▶ **MUSEU ÍNDIA VANUÍRE**. TUPÃ, SÃO PAULO.

PARA VISITA VIRTUAL, ACESSE: <www.museuindiavanuire.org.br/TOUR-VIRTUAL/>.

O MUSEU TEM OBJETOS E DOCUMENTOS QUE MOSTRAM A CULTURA INDÍGENA BRASILEIRA.

▶ **GUIA DE CENTROS E MUSEUS DE CIÊNCIAS DO BRASIL – 2015**. PARA OUTROS MUSEUS BRASILEIROS, CONSULTE: <www.casadaciencia.ufrj.br/Publicacoes/guia/Files/guiacentrosciencia2015.pdf>.

# UNIDADE 2
# SAÚDE EM PRIMEIRO LUGAR

- O QUE AS CRIANÇAS DA IMAGEM ESTÃO FAZENDO?
- A CRIANÇA QUE ESTÁ ESCOVANDO OS DENTES JÁ COMEU OU AINDA VAI COMER?
- POR QUE AS ATITUDES DAS CRIANÇAS DA IMAGEM SÃO IMPORTANTES PARA A SAÚDE?

# CAPÍTULO 1
## VAMOS CUIDAR DA SAÚDE

## ATITUDES SAUDÁVEIS

COMPLETE OS DESENHOS LIGANDO OS PONTOS. DEPOIS PINTE A IMAGEM QUE SURGIR.

1. PARA QUE O MENINO PRECISA SE ALIMENTAR?

2. ANDAR DE BICICLETA É UMA PRÁTICA BOA PARA O CORPO?

3. POR QUE A MENINA ESTÁ USANDO CAPACETE, JOELHEIRAS E COTOVELEIRAS?

4. QUE ATITUDES VOCÊ TEM TOMADO PARA CUIDAR DA SAÚDE?

# HÁBITOS DE HIGIENE

PARA SERMOS SAUDÁVEIS, PRECISAMOS DE UMA BOA ALIMENTAÇÃO E TOMAR VACINAS PORQUE ELAS PROTEGEM O ORGANISMO DE ALGUMAS DOENÇAS. É IMPORTANTE TAMBÉM ADOTAR BONS HÁBITOS DE HIGIENE PESSOAL, POIS ELES AJUDAM A EVITAR QUE **MICRORGANISMOS** ENTREM EM NOSSO CORPO E NOS CAUSEM DOENÇAS. VAMOS DESENVOLVER ESTES HÁBITOS:

### GLOSSÁRIO

**MICRORGANISMO:** É UM SER MUITO MENOR QUE O PONTO FINAL DESTA FRASE. SOMENTE CONSEGUIMOS ENXERGÁ-LO USANDO UM MICROSCÓPIO, INSTRUMENTO QUE AMPLIA A IMAGEM. ESSES SERES ESTÃO NO AR, NO SOLO, NA ÁGUA E ATÉ DENTRO DE NOSSO CORPO. ALGUNS PODEM CAUSAR DOENÇAS.

▶ TOMAR BANHO TODOS OS DIAS;

▶ ESCOVAR OS DENTES AO ACORDAR, APÓS AS REFEIÇÕES E ANTES DE DORMIR;

▶ LAVAR AS MÃOS ANTES DAS REFEIÇÕES E DEPOIS DE USAR O BANHEIRO;

ILUSTRAÇÕES: WILL SILVA

▶ MANTER AS UNHAS DOS PÉS E DAS MÃOS CURTAS E LIMPAS;

▶ USAR ROUPAS LIMPAS;

▶ CUIDAR DA MENTE LENDO LIVROS, BRINCANDO E PASSEANDO AO AR LIVRE.

## NA PRÁTICA — EXPERIMENTO

SERÁ QUE VOCÊ LAVA AS MÃOS DE FORMA CORRETA?

**MATERIAL:**
- GUACHE;
- COLHER DE CHÁ;
- SABONETE;
- PIA PARA LAVAR AS MÃOS;
- TOALHA E CAMISETA VELHA OU AVENTAL DE PLÁSTICO.

**PROCEDIMENTOS**

1. COLOQUE UMA COLHER DE GUACHE NAS MÃOS.
2. IMITE O MOVIMENTO DE LAVAR AS MÃOS.
3. VERIFIQUE COMO SUAS MÃOS FICARAM.
4. AGORA, EM LOCAL APROPRIADO, LAVE AS MÃOS COM ÁGUA E SABONETE, DE OLHOS FECHADOS.
5. ABRA OS OLHOS E VERIFIQUE COMO FICARAM SUAS MÃOS. VOCÊ REMOVEU TODA A TINTA?
6. LAVE AS MÃOS E SEQUE-AS BEM COM A TOALHA.

▶ CRIANÇA LAVANDO AS MÃOS.

AGORA, RESPONDA ÀS QUESTÕES.

1. QUANDO VOCÊ LAVOU AS MÃOS COM OS OLHOS FECHADOS, ELAS FICARAM PERFEITAMENTE LIMPAS?

2. O QUE O GUACHE REPRESENTOU NESTA ATIVIDADE?

3. VOCÊ PRECISA MELHORAR O MODO DE LAVAR AS MÃOS?

4. POR QUE É IMPORTANTE LAVAR BEM AS MÃOS?

# OS DENTES MERECEM ATENÇÃO

USAMOS OS DENTES PARA MASTIGAR OS ALIMENTOS. ELES PRECISAM ESTAR FORTES E SAUDÁVEIS, E PARA ISSO PRECISAMOS MANTÊ-LOS SEMPRE LIMPOS.

SE OS DENTES NÃO SÃO ESCOVADOS, MICRORGANISMOS PODEM INSTALAR-SE NA BOCA PARA ALIMENTAR-SE DOS RESTOS DE COMIDA. SURGE ENTÃO A CÁRIE, QUE DEIXA OS DENTES DOENTES E COM FUROS.

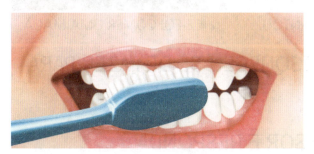

COM A ESCOVA LIGEIRAMENTE INCLINADA, ESCOVE A PARTE DA FRENTE DOS DENTES FAZENDO MOVIMENTOS COM A ESCOVA DE CIMA PARA BAIXO NOS DENTES DE CIMA E DE BAIXO PARA CIMA NOS DENTES DE BAIXO.

ESCOVE OS DENTES DO FUNDO (USADOS PARA TRITURAÇÃO) COM MOVIMENTOS DE VAIVÉM.

ESCOVE A PARTE DE TRÁS DOS DENTES. FAÇA MOVIMENTOS DE CIMA PARA BAIXO NOS DENTES DE CIMA E DE BAIXO PARA CIMA NOS DENTES DE BAIXO.

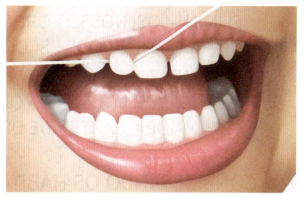

PASSE O FIO DENTAL DESLIZANDO-O ENTRE OS DENTES.

ILUSTRAÇÕES: SAULO NUNES MARQUES

PARA EVITAR AS CÁRIES, DEVEMOS:
- ESCOVAR OS DENTES AO ACORDAR, APÓS AS REFEIÇÕES E ANTES DE DORMIR;
- USAR O FIO DENTAL, PASSANDO-O ENTRE OS DENTES;
- VISITAR O DENTISTA DE SEIS EM SEIS MESES, POIS ELE É O PROFISSIONAL QUE AVALIA SE OS DENTES ESTÃO SAUDÁVEIS.

# ATIVIDADES

**1** OBSERVE A SITUAÇÃO A SEGUIR E FAÇA O QUE SE PEDE.

▶ DAVI BRINCOU BASTANTE.   ▶ DEPOIS SE LEVANTOU...   ▶ E FOI COMER UMA MAÇÃ.

EXPLIQUE O QUE O MENINO ESQUECEU-SE DE FAZER PARA PROTEGER A SAÚDE.

**2** LEIA O TEXTO COM O PROFESSOR E RESPONDA À PERGUNTA.

> QUANDO FICAMOS RESFRIADOS, A QUANTIDADE DE MICRORGANISMOS NO INTERIOR DO NARIZ AUMENTA. PARA ELIMINÁ-LOS, NOSSO CORPO PROVOCA O ESPIRRO OU PRODUZ UM MUCO QUE PODE ESCORRER PARA FORA DO NARIZ.
>
> VOCÊ APRENDEU QUE OS MICRORGANISMOS ESTÃO EM TODOS OS LUGARES. VOCÊ SABIA QUE O CHÃO É UM DOS LUGARES COM MAIOR QUANTIDADE DE MICRORGANISMOS?

CONSIDERANDO OS HÁBITOS DE HIGIENE, O QUE VOCÊ DIRIA PARA AS CRIANÇAS NAS SITUAÇÕES ABAIXO?

**3** TRAGA PARA A ESCOLA UMA ESCOVA DE DENTES E FAÇA O QUE SE PEDE:

**A)** MOSTRE AOS COLEGAS E AO PROFESSOR COMO VOCÊ ESCOVA OS DENTES.

**B)** DEPOIS OBSERVE AS IMAGENS A SEGUIR E DESENHE UMA SETA EM CADA IMAGEM MOSTRANDO A DIREÇÃO E O SENTIDO CORRETOS DO MOVIMENTO QUE DEVE SER FEITO COM A ESCOVA.

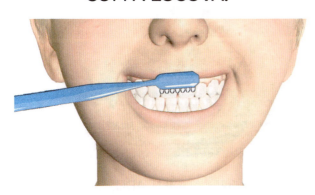
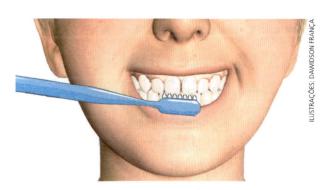

ILUSTRAÇÕES: DAWIDSON FRANÇA

**C)** AGORA QUE VOCÊ VIU A MANEIRA CORRETA DE ESCOVAR OS DENTES, RESPONDA:

♦ VOCÊ PRECISA MELHORAR SEU JEITO DE ESCOVÁ-LOS?

**4** MARQUE UM **X** NAS ATITUDES QUE SÃO IMPORTANTES PARA MANTER OS DENTES SAUDÁVEIS.

☐ TER MEDO DO DENTISTA.

☐ ESCOVAR OS DENTES AO ACORDAR E ANTES DE DORMIR.

☐ USAR O FIO DENTAL.

☐ ESCOVAR OS DENTES APÓS AS REFEIÇÕES.

☐ ESCOVAR OS DENTES ANTES DE SE ALIMENTAR.

# COMER PARA QUÊ?

VOCÊ JÁ FICOU COM ÁGUA NA BOCA QUANDO VIU UM ALIMENTO? ISSO É MUITO COMUM QUANDO ESTAMOS PERTO DE UM ALIMENTO DE QUE GOSTAMOS. NESSA SITUAÇÃO, NOSSO CORPO SE PREPARA PARA RECEBER O ALIMENTO E NOSSA BOCA SE ENCHE DE SALIVA.

E JÁ OUVIU A BARRIGA "RONCAR", SEM NEM MESMO ESTAR PENSANDO EM COMIDA? QUANDO ISSO ACONTECE, PERCEBEMOS QUE ESTAMOS COM FOME. É UM SINAL DE NOSSO CORPO QUE NOS AVISA A HORA DE COMER.

▶ PARA ESTAR BEM ALIMENTADO, O IDEAL É FAZER, POR DIA, TRÊS REFEIÇÕES PRINCIPAIS – CAFÉ DA MANHÃ, ALMOÇO E JANTAR – E DOIS LANCHES.

OS ALIMENTOS NOS MANTÊM VIVOS E FORNECEM OS **NUTRIENTES** E A ENERGIA DE QUE PRECISAMOS PARA CRESCER E FAZER ATIVIDADES COMO ESTUDAR, CORRER E BRINCAR.

FORTALECEMOS NOSSO CORPO POR MEIO DA ALIMENTAÇÃO, E ASSIM PODEMOS RESISTIR ÀS DOENÇAS.

### GLOSSÁRIO

**NUTRIENTES:** SUBSTÂNCIAS NECESSÁRIAS PARA A SOBREVIVÊNCIA DOS SERES VIVOS.

▶ A ENERGIA QUE USAMOS PARA ESTUDAR, CORRER E BRINCAR VEM DOS ALIMENTOS.

# VARIEDADE DE ALIMENTOS

A ALIMENTAÇÃO SAUDÁVEL DEVE INCLUIR VÁRIOS TIPOS DE ALIMENTO. QUAIS DOS ALIMENTOS ABAIXO VOCÊ CONHECE?

FRUTAS E VERDURAS TÊM VITAMINAS E FIBRAS. ELAS SÃO MUITO IMPORTANTES PARA QUE O ORGANISMO FUNCIONE BEM.

▶ FRUTAS E VERDURAS.

CARNE, LEITE E OVOS SÃO ALIMENTOS IMPORTANTES PARA A CONSTRUÇÃO DO ORGANISMO.

▶ LEITE, CARNE E OVOS.

AS IMAGENS NÃO ESTÃO REPRESENTADAS NA MESMA PROPORÇÃO.

PÃO, MACARRÃO, BATATA, GRÃOS, ARROZ, MANDIOCA, FRUTAS E DOCES EM GERAL SÃO ALIMENTOS QUE FORNECEM ENERGIA PARA O CORPO.

▶ PÃO, BATATA, MACARRÃO, FRUTAS E GRÃOS.

▶ BEBER ÁGUA É FUNDAMENTAL PARA MANTER A SAÚDE.

OUTRO HÁBITO IMPORTANTE É BEBER ÁGUA TODOS OS DIAS. A ÁGUA BOA PARA BEBER DEVE SER TRATADA E FILTRADA OU FERVIDA.

# ATIVIDADES

**1** AJUDE A MENINA A PREPARAR O PRATO PARA ALMOÇAR. PASSE SOMENTE PELO CAMINHO EM QUE HÁ ALIMENTOS SAUDÁVEIS. REFRIGERANTES, DOCES E FRITURAS NÃO FAZEM BEM À SAÚDE, POR ISSO DEVEM SER EVITADOS.

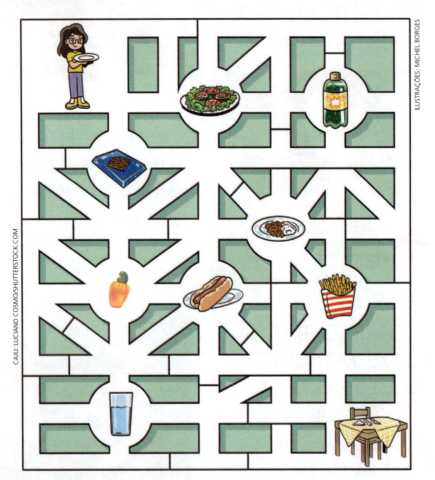

**2** VAMOS PREPARAR UMA DELICIOSA SALADA DE FRUTAS? COMBINE COM O PROFESSOR E OS COLEGAS E FAÇA ASSIM:

- TRAGA PARA A SALA DE AULA UMA FRUTA QUE SEJA FÁCIL DE ENCONTRAR ONDE VOCÊ MORA;
- O PROFESSOR CORTARÁ AS FRUTAS, E VOCÊ E OS COLEGAS VÃO MISTURÁ-LAS EM UMA VASILHA.

HUM... DEPOIS É SÓ COMER!

**3** DESENHE NO PRATO OS ALIMENTOS QUE VOCÊ COMERIA EM UMA REFEIÇÃO.

**4** QUAIS ALIMENTOS SÃO MAIS COMUNS EM SUA ALIMENTAÇÃO?

☐ ARROZ E FEIJÃO.   ☐ VERDURAS E LEGUMES.

☐ CARNE.   ☐ DOCES.

☐ FRUTAS.

**5** CIRCULE O NOME DAS FRUTAS DE QUE VOCÊ MAIS GOSTA.

BANANA   LARANJA   MANGA   CARAMBOLA

MAÇÃ   MAMÃO   CAJU   MELANCIA

**6** VOCÊ JÁ OUVIU UM DITADO QUE DIZ "SACO VAZIO NÃO PARA EM PÉ"? O QUE ACHA QUE ELE QUER DIZER?

# CAPÍTULO 2
# COMO PERCEBEMOS O AMBIENTE

## UM PASSEIO DIFERENTE

COM OS COLEGAS E O PROFESSOR, FAÇA UM PASSEIO PELA ESCOLA. CAMINHE SILENCIOSAMENTE E PRESTE ATENÇÃO EM TUDO O QUE ENCONTRAR, ATÉ MESMO EM SONS E CHEIROS. DESCREVA OU DESENHE NO CADERNO O QUE PERCEBEU NO AMBIENTE.

1. CONTE AOS COLEGAS TUDO O QUE VOCÊ PERCEBEU DURANTE O PASSEIO.

2. COMO VOCÊ CONSEGUIU PERCEBER O QUE HÁ NO AMBIENTE?

3. QUE PARTES DO CORPO VOCÊ UTILIZOU PARA ISSO?

# NOSSOS SENTIDOS

AS PESSOAS PODEM USAR OS OLHOS, AS ORELHAS, O NARIZ, A LÍNGUA E A PELE PARA PERCEBER O MUNDO EM QUE VIVEMOS.

ESSAS PARTES DO CORPO NOS AJUDAM A SENTIR O AMBIENTE AO NOSSO REDOR DE JEITOS DIFERENTES: PELA VISÃO, PELA AUDIÇÃO, PELO OLFATO, PELA GUSTAÇÃO E PELO TATO, DENOMINADOS **SENTIDOS**.

CHAMAMOS ESSAS PARTES DO CORPO DE ÓRGÃOS, OU SEJA, OS **ÓRGÃOS DOS SENTIDOS**.

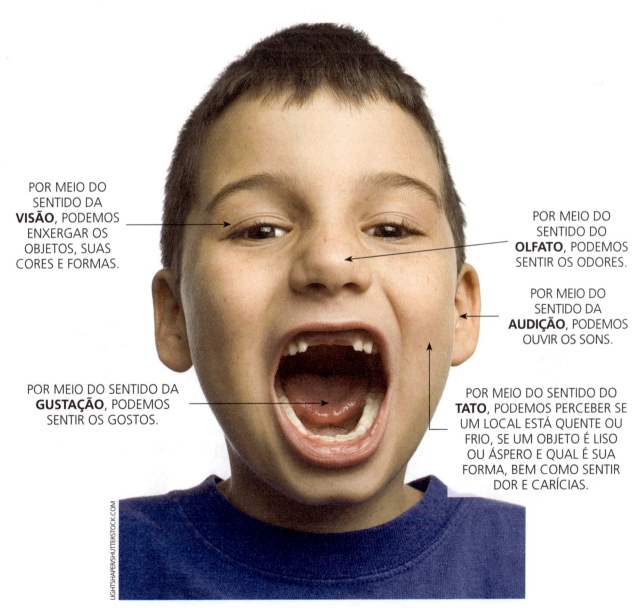

POR MEIO DO SENTIDO DA **VISÃO**, PODEMOS ENXERGAR OS OBJETOS, SUAS CORES E FORMAS.

POR MEIO DO SENTIDO DO **OLFATO**, PODEMOS SENTIR OS ODORES.

POR MEIO DO SENTIDO DA **AUDIÇÃO**, PODEMOS OUVIR OS SONS.

POR MEIO DO SENTIDO DA **GUSTAÇÃO**, PODEMOS SENTIR OS GOSTOS.

POR MEIO DO SENTIDO DO **TATO**, PODEMOS PERCEBER SE UM LOCAL ESTÁ QUENTE OU FRIO, SE UM OBJETO É LISO OU ÁSPERO E QUAL É SUA FORMA, BEM COMO SENTIR DOR E CARÍCIAS.

# ATIVIDADES

**1** LEIA OS VERSOS A SEGUIR E COMPLETE A TABELA.

QUENTE, FRIO, CLARO, ESCURO,
DURO, MOLE, DOCE E AZEDO...
COISAS QUE A GENTE SENTE
SENSAÇÕES, SENSAÇÕES

HÉLIO ZISKIND E A TURMA DO COCORICÓ. EMOÇÕES. BRASIL: MCD, 2012.

| SENSAÇÕES | SENTIDO | ÓRGÃO |
|---|---|---|
| QUENTE E FRIO | TATO | |
| CLARO E ESCURO | | OLHOS |
| DURO E MOLE | | PELE |
| DOCE E AZEDO | GUSTAÇÃO | |

**2** ESCREVA EMBAIXO DE CADA IMAGEM O NOME DO SENTIDO QUE ESTÁ SENDO USADO.

**3** OBSERVE O QUADRO PINTADO POR LUCIANA MARIANO, QUE RETRATA UMA BRINCADEIRA INFANTIL. DEPOIS, RESPONDA ÀS QUESTÕES.

▶ LUCIANA MARIANO. *CABRA-CEGA*, 2009. ACRÍLICO SOBRE TELA, 50 CM × 70 CM.

**A)** QUAL É A BRINCADEIRA NA PINTURA?

_____

**B)** UM DOS SENTIDOS NÃO PODE SER USADO PARA BRINCAR E PROCURAR OS COLEGAS. QUAL É?

_____

**C)** QUAIS SENTIDOS PODEM SER UTILIZADOS NA BRINCADEIRA?

_____

_____

# VAMOS CUIDAR DOS ÓRGÃOS DOS SENTIDOS

VOCÊ JÁ DEIXOU DE COMER UM ALIMENTO ESTRAGADO PORQUE SENTIU UM CHEIRO RUIM? OU ENTÃO SE AFASTOU DE UM LUGAR PORQUE OUVIU O LATIDO AMEAÇADOR DE UM CÃO? JÁ RETIROU RAPIDAMENTE A MÃO DE UMA SUPERFÍCIE QUENTE PORQUE SENTIU QUE PODERIA SE QUEIMAR?

ESSES SÃO EXEMPLOS DA IMPORTÂNCIA DE NOSSOS ÓRGÃOS DOS SENTIDOS.

OS ÓRGÃOS DOS SENTIDOS DEVEM SER BEM CUIDADOS. OBSERVE ALGUMAS DICAS:

▶ PARA PROTEGER OS OLHOS, NÃO OS ESFREGUE COM A MÃO SUJA, NÃO OLHE DIRETAMENTE PARA O SOL E NÃO FIQUE MUITO TEMPO VENDO TELEVISÃO OU USANDO COMPUTADOR, CELULAR E *TABLET*. É NECESSÁRIO LIMPAR APENAS AO REDOR DOS OLHOS COM ALGODÃO UMEDECIDO EM ÁGUA LIMPA. NUNCA UTILIZE O MESMO ALGODÃO NOS DOIS OLHOS.

▶ PARA PROTEGER AS ORELHAS, NÃO COLOQUE NADA DENTRO DELAS (NEM HASTES FLEXÍVEIS) E EVITE SONS MUITO ALTOS. PARA MANTÊ-LAS LIMPAS, UTILIZE ALGODÃO OU UMA TOALHA.

▶ PARA LIMPAR A LÍNGUA E SEMPRE SENTIR O SABOR DOS ALIMENTOS, ESCOVE-A REGULARMENTE, ASSIM OS RESTOS DE ALIMENTO NÃO FICAM DEPOSITADOS NELA E OS MICRORGANISMOS NÃO SE MULTIPLICAM. TENHA CUIDADO COM ALIMENTOS QUENTES, POIS PODEM CAUSAR QUEIMADURAS.

▶ PARA LIMPAR O NARIZ, PODEMOS UMEDECÊ-LO COM ÁGUA E SORO FISIOLÓGICO E, DEPOIS, ASSOAR EM UM LENÇO O EXCESSO DE LÍQUIDO. PARA NÃO MACHUCAR O NARIZ, NÃO DEVEMOS COLOCAR OBJETOS DENTRO DELE.

ILUSTRAÇÕES: HENRIQUE MACHADO

▶ PARA PROTEGER A PELE, DEVEMOS TER CUIDADO AO LIDAR COM FOGO E OBJETOS CORTANTES. TAMBÉM NÃO DEVEMOS TOMAR BANHOS MUITO QUENTES NEM FICAR EXPOSTOS AO SOL SEM PROTETOR SOLAR EM QUALQUER HORA DO DIA. ALÉM DISSO, O PROTETOR SOLAR DEVE SER REAPLICADO DE 3 EM 3 HORAS OU SEMPRE DEPOIS QUE SAIR DA ÁGUA.

## NA PRÁTICA — EXPERIMENTO

É POSSÍVEL IDENTIFICAR OBJETOS SEM UTILIZAR A VISÃO?

**MATERIAL:**
- VENDA OU LENÇO PARA COBRIR OS OLHOS;
- CAIXA;
- LATA DE ALUMÍNIO COM TAMPA;
- OBJETOS VARIADOS.

**PROCEDIMENTOS**

**PARTE 1**

1. O PROFESSOR ESCONDERÁ DIFERENTES OBJETOS DENTRO DE UMA CAIXA.
2. COM OS OLHOS VENDADOS, UM ALUNO DE CADA VEZ PEGARÁ UM OBJETO DE DENTRO DA CAIXA E TENTARÁ DESCOBRIR O QUE É.

**PARTE 2**

3. O PROFESSOR COLOCARÁ UM OBJETO DENTRO DA LATA DE ALUMÍNIO E A ENTREGARÁ A UM DE VOCÊS DE CADA VEZ.
4. CHACOALHE A LATA E, PELO SOM, TENTE DESCOBRIR O QUE HÁ LÁ DENTRO.

AGORA CONVERSE COM OS COLEGAS E RESPONDA.

1. NA PARTE 1, QUAL O SENTIDO QUE VOCÊ UTILIZOU PARA IDENTIFICAR O OBJETO? E NA PARTE 2?

2. UTILIZANDO SOMENTE UM DOS SENTIDOS, É POSSÍVEL DESCOBRIR TODAS AS CARACTERÍSTICAS DE UM OBJETO?

# ATIVIDADES

**1** COMPLETE COM O NOME DO SENTIDO UTILIZADO.

A) COM O _____, MARTA PERCEBEU PELO ODOR QUE O PEIXE ESTAVA ESTRAGADO.

B) COM A _____, SENTI O GOSTO DA MELANCIA.

**2** O PROFESSOR LERÁ O TEXTO ABAIXO. DEPOIS, RESPONDA:

> SOU EU QUEM MOSTRA A VIDA PARA VOCÊ, ASSIM, TÃO BONITA E CHEIA DE CORES. [...]. POR ISSO É BOM CUIDAR BASTANTE DE MIM, NÃO ME COÇANDO COM OS DEDOS SUJOS.
> A SUJEIRA PODE CAUSAR UMA DOENÇA CHAMADA CONJUNTIVITE, E VOCÊ E EU VAMOS SOFRER.
>
> LEONARDO MENDES CARDOSO

A) QUAL ÓRGÃO DOS SENTIDOS É O PERSONAGEM?

B) QUE CUIDADOS PRECISAMOS TER COM ELE?

**3** FORME GRUPO COM ALGUNS COLEGAS. O PROFESSOR VAI SORTEAR O NOME DE UM DOS ÓRGÃOS DOS SENTIDOS PARA CADA GRUPO. DEPOIS, SIGAM AS INSTRUÇÕES ABAIXO.

- CONVERSEM SOBRE OS CUIDADOS QUE DEVEMOS TER COM ESSE ÓRGÃO DO SENTIDO. PROCUREM SABER O MOTIVO DESSES CUIDADOS CONSULTANDO ALGUM PROFISSIONAL DA SAÚDE.

- ANOTEM ESSES CUIDADOS E DEPOIS OS EXPLIQUEM AOS DEMAIS COLEGAS.

# COMO EU VEJO
## OS CUIDADOS NA INFÂNCIA

É MUITO FÁCIL UMA CRIANÇA PEQUENA FICAR DOENTE, POR ISSO É BOM CONHECER ALGUNS CUIDADOS PARA QUE ELA SE MANTENHA SAUDÁVEL. DEPOIS, FAÇA NO LOCAL INDICADO UM DESENHO DE QUANDO VOCÊ ERA BEBÊ.

NOS PRIMEIROS MESES, O BEBÊ DEVE SER ALIMENTADO, DE PREFERÊNCIA, APENAS COM LEITE MATERNO. ESSE LEITE O ALIMENTA E PROTEGE DE DIVERSAS DOENÇAS.

POR VOLTA DOS 8 MESES COMEÇAM A NASCER OS PRIMEIROS DENTES DO BEBÊ. ELES PRECISAM SER SEMPRE BEM CUIDADOS.

O PEDIATRA É O MÉDICO QUE CUIDA DA SAÚDE DAS CRIANÇAS. É IMPORTANTE VISITÁ-LO REGULARMENTE.

ATÉ OS 2 ANOS, O BEBÊ É MUITO DEPENDENTE DOS ADULTOS, MAS É CAPAZ DE APRENDER COISAS IMPORTANTES, COMO ANDAR E FALAR.

FAÇA AQUI UM DESENHO DE VOCÊ QUANDO ERA UM BEBÊ.

QUANDO NASCE, TODO BEBÊ GANHA UMA CARTEIRA DE VACINAÇÃO. NELA SERÃO ANOTADAS AS VACINAS QUE ELE TOMARÁ ATÉ SE TORNAR ADULTO. AS VACINAS PROTEGEM AS PESSOAS DE DIVERSAS DOENÇAS.

1. VOCÊ ACHA IMPORTANTE TOMAR VACINAS? POR QUÊ?
2. QUE CUIDADOS VOCÊ COSTUMA TER PARA MANTER-SE SAUDÁVEL?
3. VOCÊ SE LEMBRA DE OUTROS CUIDADOS QUE DEVEM SER TOMADOS COM CRIANÇAS? QUAIS?

# COMO EU TRANSFORMO
## NOSSA VIDA MAIS SAUDÁVEL

LÍNGUA PORTUGUESA

**O QUE VAMOS FAZER?**
UM GUIA PARA A SAÚDE E O BEM-ESTAR.

**PARA QUE FAZER?**
PARA TER UMA VIDA AGRADÁVEL E VIVER MAIS.

**COM QUEM FAZER?**
COM O PROFESSOR E OS COLEGAS.

**COMO FAZER?**

1. ELABOREM UMA LISTA COLETIVA COM O QUE SABEM SOBRE O ASSUNTO:
   - O QUE É SAÚDE?
   - O QUE É PRECISO FAZER PARA VIVER COM MAIS SAÚDE?
   - COMO VOCÊS CUIDAM DA PRÓPRIA SAÚDE?
   - O QUE É BEM-ESTAR?
   - O QUE É PRECISO PARA UMA PESSOA SENTIR-SE BEM?
   - VOCÊ SE PREOCUPA QUANDO ALGUÉM PARECE NÃO SE SENTIR BEM?
   - O BEM-ESTAR DO GRUPO DEPENDE DO BEM-ESTAR DE CADA UM? POR QUÊ?

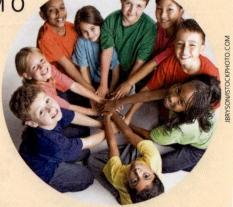
▶ GRUPO DE CRIANÇAS.

2. VAMOS DIVULGAR NA ESCOLA O QUE A TURMA DESCOBRIU?

3. DECIDAM QUAIS INFORMAÇÕES SÃO MAIS IMPORTANTES, COMO O GUIA SERÁ FEITO E MÃOS À OBRA!

VOCÊ CUIDA BEM DE SEU CORPO? POR QUÊ?

# CIÊNCIAS EM AÇÃO

## CUIDANDO DOS DENTES

LEIA A ENTREVISTA COM A DENTISTA ALINE GUZZI.

### ALINE GUZZI

**O QUE AS CRIANÇAS DEVEM FAZER PARA TER DENTES E GENGIVAS SEMPRE SAUDÁVEIS?**

OS DENTES SÃO MUITO IMPORTANTES NA NOSSA VIDA. PARA QUE ELES PERMANEÇAM SEMPRE SAUDÁVEIS É NECESSÁRIO ESCOVÁ-LOS E TAMBÉM A LÍNGUA, DEPOIS DE COMER E ANTES DE DORMIR, USAR FIO DENTAL E IR AO DENTISTA DE SEIS EM SEIS MESES.

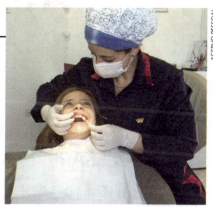

▶ ALINE, EM SEU CONSULTÓRIO, APLICA FLÚOR NOS DENTES DE UMA MENINA.

**EM QUE IDADE OCORRE A TROCA DE DENTES?**

A TROCA DOS DENTES DE LEITE PELOS PERMANENTES É UM PROCESSO NATURAL QUE SE INICIA, EM MÉDIA, A PARTIR DOS 6 ANOS DE IDADE.

**QUANTO TEMPO DURAM OS DENTES PERMANENTES?**

OS DENTES PERMANENTES, COMO O PRÓPRIO NOME DIZ, SÃO PARA A VIDA TODA. POR ISSO É MUITO IMPORTANTE MANTÊ-LOS LIMPOS E SAUDÁVEIS.

**HÁ ALGUM CUIDADO ESPECIAL COM OS DENTES A SER TOMADO PELAS CRIANÇAS?**

ALÉM DOS CUIDADOS DIÁRIOS COM A HIGIENE BUCAL, É PRECISO SE ALIMENTAR DE MODO SAUDÁVEL, POIS COMIDA E BEBIDA COM MUITO AÇÚCAR – COMO BALAS E REFRIGERANTES – ESTRAGAM OS DENTES CAUSANDO CÁRIES.

**1** QUE INFORMAÇÃO VOCÊ ACHOU MAIS INTERESSANTE?

**2** QUANTOS DENTES DE LEITE SEUS JÁ CAÍRAM? O QUE VOCÊ FEZ COM ELES?

# REVENDO O QUE APRENDI

**1** LEIA A TIRINHA E DEPOIS RESPONDA ÀS QUESTÕES.

**A)** DE ONDE CEBOLINHA E CASCÃO RETIRAM A ENERGIA NECESSÁRIA PARA BRINCAR?

**B)** O QUE MAGALI DEVE FAZER ANTES DE SENTAR-SE À MESA PARA COMER?

**2** LEVE CADA CRIANÇA AO OBJETO DE QUE ELA NECESSITA PARA FAZER A HIGIENE DO CORPO.

**3** AS IMAGENS A SEGUIR MOSTRAM HÁBITOS DE HIGIENE. ESCREVA AS LEGENDAS DESCREVENDO ESSES HÁBITOS.

**4** OBSERVE O QUADRO DO PINTOR PAUL CÉZANNE. DEPOIS, AO LADO, DESENHE UMA CESTA COM FRUTAS DE QUE VOCÊ GOSTE.

▶ PAUL CÉZANNE. *ROMÃ E PERAS*, 1890. ÓLEO SOBRE TELA, 36 CM × 27 CM.

**5** PINTE ASSIM:

■ O QUE VOCÊ PODE PERCEBER COM A AUDIÇÃO;

■ O QUE VOCÊ PODE PERCEBER PELA VISÃO.

A) CANTO DAS AVES ☐        C) FORMATO DE UMA CASA ☐

B) COR DA PAREDE ☐         D) BARULHO DO CARRO ☐

## NESTA UNIDADE VIMOS

ALGUNS CUIDADOS COM A SAÚDE:

- TER UMA ALIMENTAÇÃO SAUDÁVEL.
- TOMAR VACINAS.
- CUIDAR DA MENTE: PASSEAR AO AR LIVRE, LER UM LIVRO, CONVERSAR E SE DIVERTIR.
- PRATICAR HÁBITOS DE HIGIENE.
- OS DENTES SÃO RESPONSÁVEIS PELA MASTIGAÇÃO E PRECISAM SER BEM CUIDADOS.
- OS ALIMENTOS NOS MANTÊM VIVOS E NOS FORNECEM ENERGIA.
- OS CINCO SENTIDOS SÃO: VISÃO, AUDIÇÃO, OLFATO, GUSTAÇÃO E TATO. OS ÓRGÃOS DOS SENTIDOS SÃO: OLHOS, ORELHAS, NARIZ, LÍNGUA E PELE. DEVEMOS CUIDAR BEM DELES, POIS COM ELES PERCEBEMOS O QUE ESTÁ AO NOSSO REDOR.

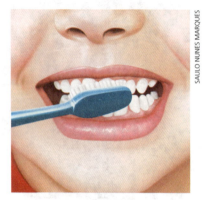

▶ ESCOVAÇÃO DOS DENTES, CONFORME VISTO NA PÁGINA 31.

▶ MENINA SE ALIMENTANDO DE FORMA SAUDÁVEL, CONFORME VISTO NA PÁGINA 34.

**PARA FINALIZAR, RESPONDA:**

- ▶ POR QUE DEVEMOS ESCOVAR OS DENTES APÓS AS REFEIÇÕES?
- ▶ COMO É UMA ALIMENTAÇÃO SAUDÁVEL?
- ▶ COMO PERCEBEMOS O AMBIENTE AO NOSSO REDOR?
- ▶ POR QUE É IMPORTANTE CUIDAR DOS ÓRGÃOS DOS SENTIDOS?

# PARA IR MAIS LONGE

## LIVROS

▶ **AMANDA NO PAÍS DAS VITAMINAS**, DE LEONARDO MENDES CARDOSO. SÃO PAULO: EDITORA DO BRASIL, 2000.

AMANDA FREQUENTEMENTE FICA DOENTE POR CAUSA DE SUA ALIMENTAÇÃO POUCO SAUDÁVEL, ATÉ O DIA EM QUE ELA CAI NA GAVETA DE VERDURAS DA GELADEIRA E DESCOBRE UM NOVO MUNDO.

▶ **A CESTA DE DONA MARICOTA**, DE TATIANA BELINKY. SÃO PAULO: PAULINAS, 2012.

O LIVRO MOSTRA AS VANTAGENS NUTRICIONAIS DE COMER VERDURAS, FRUTAS E LEGUMES.

▶ **SINTO O QUE SINTO COM CINCO SENTIDOS**, DE ELLEN PESTILLI. SÃO PAULO: EDITORA DO BRASIL, 2013.

DE FORMA LÚDICA, O LIVRO DESPERTA A ATENÇÃO DO LEITOR PARA OS CINCO SENTIDOS, FAZENDO-O PERCEBER DO QUE GOSTA E DO QUE NÃO GOSTA.

## VISITAÇÃO

▶ **MUSEU DE MICROBIOLOGIA DO INSTITUTO BUTANTAN**. SÃO PAULO, SÃO PAULO.

O MUSEU ABRIGA UMA EXPOSIÇÃO EM QUE OS VISITANTES FAZEM UMA VIAGEM INTERATIVA PELO MICROSCÓPICO MUNDO DOS MICRORGANISMOS.
MAIS INFORMAÇÕES EM: <www.butantan.gov.br/atracoes/museu-de-microbiologia>.

▶ **JARDIM DAS SENSAÇÕES**. CURITIBA, PARANÁ.

OFERECE UM PASSEIO SENSORIAL AO LONGO DE UM CAMINHO DE 200 METROS, COM PLANTAS NATIVAS, AROMÁTICAS E MEDICINAIS.
MAIS INFORMAÇÕES EM: <www.curitiba.pr.gov.br/noticias/jardim-das-sensacoes-atrai-visitantes-do-brasil-e-exterior/28603>.

# UNIDADE 3
## O AMBIENTE AO MEU REDOR

- O QUE A IMAGEM MOSTRA?
- QUE DIA DA SEMANA PODERIA SER ESSE? POR QUÊ?
- COMO ESTARIA ESSE AMBIENTE SE FOSSE NOITE?
- QUAIS SERES VIVOS VOCÊ CONSEGUE OBSERVAR NA IMAGEM?

# CAPÍTULO 1
## O AMBIENTE E OS SERES VIVOS

## VARIEDADE DE SERES VIVOS

1. QUAIS ANIMAIS DA ILUSTRAÇÃO VOCÊ CONHECE?

2. VOCÊ CONHECE MUITAS PLANTAS? ONDE COSTUMA VÊ-LAS?

3. ESCOLHA DOIS ANIMAIS DA IMAGEM E MOSTRE AOS COLEGAS ALGUMAS SEMELHANÇAS E DIFERENÇAS ENTRE ELES.

# ANIMAIS DE TODO JEITO

NA NATUREZA HÁ MUITOS ANIMAIS. UNS SÃO BEM GRANDES, OUTROS SÃO BEM PEQUENOS.

▶ O ELEFANTE É UM ANIMAL GRANDE.

▶ O BEM-TE-VI É UM ANIMAL PEQUENO.

A PARTE EXTERNA DO CORPO DOS ANIMAIS TEM UM REVESTIMENTO QUE PROTEGE O CORPO DELES E OS AJUDA A SE DEFENDER CONTRA AMEAÇAS DO AMBIENTE. ALGUNS ANIMAIS TÊM O CORPO REVESTIDO DE PENAS, OUTROS SÃO COBERTOS DE PELOS.

▶ AVES, COMO A ARARA-AZUL, TÊM O CORPO COBERTO DE PENAS.

▶ ANIMAIS COMO OS MACACOS TÊM O CORPO COBERTO DE PELOS.

HÁ TAMBÉM ANIMAIS COM O CORPO REVESTIDO DE ESCAMAS OU APENAS DE PELE.

▶ OS PEIXES, COMO ESTE LAMBARI, TÊM O CORPO COBERTO DE ESCAMAS.

▶ O SAPO TEM O CORPO COBERTO APENAS DE PELE.

A TARTARUGA TEM O CORPO REVESTIDO POR UMA COBERTURA DURA, UM CASCO, QUE SERVE DE PROTEÇÃO PARA ELA.

▶ A TARTARUGA-VERDE TEM UM CASCO QUE A PROTEGE.

# ATIVIDADES

**1** OBSERVE AS IMAGENS E FAÇA O QUE SE PEDE.

▶ LEÃO.

▶ PATO.

▶ GIRAFA.

▶ PEIXE DOURADO.

▶ MINHOCA.

▶ RATO.

**A)** CONTORNE DE VERDE OS ANIMAIS QUE, QUANDO ADULTOS, GERALMENTE SÃO MAIORES DO QUE O SER HUMANO ADULTO, E DE ROXO OS QUE SÃO MENORES.

**B)** COMPLETE AS FRASES.

O RATO, A GIRAFA E O LEÃO TÊM O CORPO COBERTO DE _____.

O PEIXE TEM O CORPO COBERTO DE _____.

O PATO TEM O CORPO COBERTO DE _____.

A MINHOCA TEM O CORPO COBERTO APENAS PELA _____.

# ONDE VIVEM OS ANIMAIS?

OS ANIMAIS VIVEM EM DIFERENTES AMBIENTES.

ALGUNS VIVEM APENAS DENTRO DA ÁGUA, COMO OS PEIXES E AS ESTRELAS-DO-MAR. OUTROS, COMO A ANTA, AS MINHOCAS E AS FORMIGAS, VIVEM SOMENTE NA TERRA.

▶ PEIXE TUCUNARÉ.

▶ ANTA E SEU FILHOTE.

HÁ AINDA ANIMAIS QUE VIVEM TANTO DENTRO DA ÁGUA QUANTO FORA DELA, COMO ALGUMAS SERPENTES, OS SAPOS E OS JACARÉS.

AS AVES CONSTROEM NINHOS PARA BOTAR OVOS E CRIAR OS FILHOTES. PARA FAZER OS NINHOS, USAM MATERIAIS COMO: FOLHAS, TERRA, SALIVA, PELO DE ANIMAIS E GRAVETOS.

▶ JACARÉ.

OS NINHOS FICAM NO ALTO DAS ÁRVORES, NAS ROCHAS E ATÉ MESMO NO ALTO DE EDIFÍCIOS E POSTES DE LUZ.

▶ NINHO DE PASSARINHO NA ÁRVORE.

▶ NINHO DE GAIVOTA EM UMA ROCHA.

▶ NINHO DE JOÃO-DE--BARRO EM UM POSTE.

# ATIVIDADES

**1** ESCREVA **A** SE O ANIMAL VIVE NA ÁGUA E **T** SE VIVE NA TERRA.

A) ONÇA ☐   D) PEIXE ☐   G) CABRA ☐

B) CACHORRO ☐   E) BOTO ☐   H) BALEIA ☐

C) CAVALO ☐   F) VACA ☐   I) GATO ☐

**2** DESENHE UM ANIMAL QUE VIVE SOMENTE NA ÁGUA E OUTRO QUE VIVE SOMENTE NA TERRA.

**3** ESCREVA A PRIMEIRA LETRA DE CADA DESENHO E DESCUBRA O NOME DE UM ANIMAL QUE VIVE TANTO NA TERRA COMO NA ÁGUA.

_____

# O QUE OS ANIMAIS COMEM?

CADA TIPO DE ANIMAL PREFERE UM ALIMENTO DIFERENTE. A ONÇA E O LEÃO, POR EXEMPLO, ALIMENTAM-SE DE CARNE. ELES SÃO CHAMADOS DE **CARNÍVOROS**.

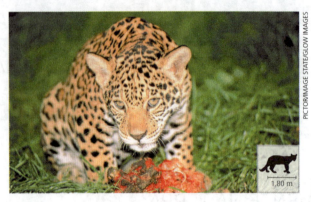

▶ A ONÇA COME CARNE.

ANIMAIS COMO OS TOUROS E AS ZEBRAS ALIMENTAM-SE DE PLANTAS. ELES SÃO **HERBÍVOROS**.

▶ O TOURO COME PLANTAS.

ALGUNS ANIMAIS SE ALIMENTAM TANTO DE PLANTAS COMO DE OUTROS ANIMAIS. É O CASO DAS GALINHAS E DO LOBO-GUARÁ. ELES SÃO CHAMADOS DE **ONÍVOROS**.

▶ GALINHAS COMEM MILHO E MINHOCA, POR EXEMPLO.

# ATIVIDADES

**1** CLASSIFIQUE CADA ANIMAL DE ACORDO COM OS HÁBITOS ALIMENTARES: CARNÍVORO, HERBÍVORO OU ONÍVORO. DEPOIS, LIGUE CADA UM A SEU ALIMENTO.

A) LEÃO        B) TOURO        C) GALINHA

_____   _____   _____

▶ MILHO E MINHOCA.    ▶ CARNE.    ▶ CAPIM.

**2** COMO VOCÊ CLASSIFICA SEU HÁBITO ALIMENTAR? PINTE O QUADRINHO QUE INDICA O HÁBITO.

☐ HERBÍVORO.    ☐ CARNÍVORO.    ☐ ONÍVORO.

AGORA, JUSTIFIQUE SUA RESPOSTA CONTANDO AOS COLEGAS QUAIS ALIMENTOS VOCÊ CONSOME HABITUALMENTE.

# LOCOMOÇÃO DOS ANIMAIS

OS ANIMAIS SE LOCOMOVEM DE MODOS DIFERENTES. OBSERVE ALGUNS EXEMPLOS A SEGUIR.

▶ OS CAVALOS ANDAM E CORREM.

▶ OS GAFANHOTOS E AS PERERECAS SALTAM.

▶ AS ÁGUIAS, COMO A MAIORIA DAS AVES, VOAM.

▶ OS PEIXES, COMO AS PIRANHAS, NADAM.

▶ AS MINHOCAS RASTEJAM.

▶ AS SERPENTES TAMBÉM RASTEJAM.

# ATIVIDADES

**1** LIGUE CADA ANIMAL A SEU MODO DE LOCOMOÇÃO.

▶ PERERECA.   ▶ HARPIA.   ▶ TAMANDUÁ--BANDEIRA.   ▶ COBRA--CORAL.   ▶ DOURADO (PEIXE).

NADA   SALTA   ANDA   RASTEJA   VOA

**2** ESCOLHA DOIS OUTROS ANIMAIS, ALÉM DOS QUE VOCÊ CONHECEU NESTE LIVRO, DESENHE-OS E ESCREVA DE QUE MODO ELES SE LOCOMOVEM.

# PLANTAS DE TODO JEITO

EXISTEM PLANTAS DE DIVERSOS TAMANHOS, FORMAS E CORES. ALGUMAS VIVEM NA ÁGUA, MAS A MAIORIA VIVE NO AMBIENTE TERRESTRE.

▶ BROMÉLIA.

▶ CAFEEIRO.

▶ FLORES E FRUTOS DE MARACUJÁ EM DESENVOLVIMENTO.

▶ VITÓRIA-RÉGIA, PLANTA AQUÁTICA.

▶ PINHEIRO-DO-PARANÁ, ÁRVORE TÍPICA DA MATA DE ARAUCÁRIAS.

▶ ROSEIRA.

# COMO AS PLANTAS NASCEM E SE DESENVOLVEM?

ALGUMAS PLANTAS NASCEM DE **MUDAS**, OUTRAS NASCEM DE **SEMENTES**.

▶ MUDA DE VIOLETA SENDO PLANTADA.

▶ SEMENTES DE FEIJÃO SENDO PLANTADAS.

AS PLANTAS PRECISAM DE SOLO, AR, ÁGUA E LUZ SOLAR PARA VIVER.

O PERÍODO DE VIDA DAS PLANTAS TAMBÉM VARIA. ALGUMAS ÁRVORES VIVEM MUITOS ANOS E OUTRAS VIVEM BEM MENOS.

OBSERVE NAS ILUSTRAÇÕES AS DIFERENTES FASES DE DESENVOLVIMENTO DE UMA PLANTA.

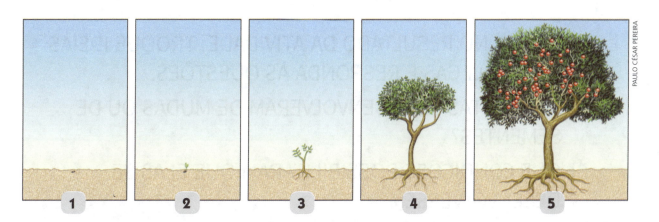

## NA PRÁTICA — EXPERIMENTO

**OBJETIVO**

OBSERVAR COMO UMA PLANTA SE DESENVOLVE.

**MATERIAL:**

- UMA GARRAFA PET;
- TERRA FOFA;
- SEMENTES DE SALSINHA;
- ÁGUA.

**COMO FAZER**

1. O PROFESSOR CORTARÁ A GARRAFA PET AO MEIO, NO SENTIDO DA TAMPA ATÉ A BASE.
2. COLOQUE A TERRA NA GARRAFA E ESPALHE BEM.
3. COLOQUE SEMENTES DE SALSINHA NA TERRA E MOLHE UM POUCO, SEM ENCHARCAR.
4. DEIXE A GARRAFA EM UM LOCAL QUE RECEBA LUZ DO SOL E MOLHE DIARIAMENTE, SEM ENCHARCAR.

ILUSTRAÇÕES: MARCO CORTEZ

1 COM BASE NO RESULTADO DA ATIVIDADE, TROQUE IDEIAS COM OS COLEGAS E RESPONDA ÀS QUESTÕES.

A) AS PLANTAS SE DESENVOLVERAM DE MUDAS OU DE SEMENTES?

B) QUE CONDIÇÕES POSSIBILITARAM QUE ELAS SE DESENVOLVESSEM?

# ATIVIDADES

**1** AS IMAGENS REPRESENTAM AS FASES DE DESENVOLVIMENTO DE UMA PLANTA, PORÉM ESTÃO FORA DE ORDEM. NUMERE-AS NA SEQUÊNCIA CORRETA.

**2** COMPLETE A FRASE.

PARA SE DESENVOLVER AS PLANTAS PRECISAM DE

_____, _____, _____ E _____.

69

# CAPÍTULO 2 — PASSAGEM DO TEMPO NO AMBIENTE

## DIA OU NOITE NA CIDADE

**1** DESTAQUE A PÁGINA 125 E ESCOLHA DESENHOS PARA COLAR AQUI, COMPLETANDO A IMAGEM COM UMA PAISAGEM DURANTE O DIA OU DURANTE A NOITE.

A) VOCÊ ESCOLHEU COLAR UMA PAISAGEM DO DIA OU DA NOITE?

B) COMPARE SUA COLAGEM COM A DE UM COLEGA QUE ESCOLHEU O MOMENTO OPOSTO AO SEU. CITE AS DIFERENÇAS QUE OBSERVA NAS COLAGENS.

# OBSERVANDO O PASSAR DO DIA

QUAL É A DIFERENÇA ENTRE O DIA E A NOITE?

VOCÊ DEVE TER PERCEBIDO QUE DURANTE O DIA O AMBIENTE É MAIS ILUMINADO E A LUZ DO SOL É VISÍVEL. DE NOITE, A LUZ DO SOL NÃO É VISÍVEL E É PRECISO UTILIZAR LÂMPADAS OU FOGO PARA ILUMINAR O AMBIENTE.

A LUZ DO AMBIENTE TAMBÉM MUDA AO LONGO DO DIA.

PELA **MANHÃ**, O DIA ESTÁ CLARO E, PERTO DA HORA DO ALMOÇO, FICA MAIS CLARO AINDA.

DEPOIS, COM O PASSAR DAS HORAS, DURANTE A **TARDE**, A CLARIDADE VAI DIMINUINDO E O DIA ESCURECE ATÉ CHEGAR A **NOITE**, QUANDO O CÉU FICA ESCURO E O SOL NÃO É MAIS VISÍVEL.

AS IMAGENS MOSTRAM UM MESMO LOCAL EM DIFERENTES HORÁRIOS DO DIA.

▶ MANHÃ.

▶ TARDE.

▶ NOITE.

▶ AS IMAGENS AO LADO MOSTRAM UMA VISTA DO BAIRRO JARDIM MARAJOARA. SÃO PAULO, SÃO PAULO.

FOTOS: DOUGLAS COMETTI

## UM POUCO MAIS SOBRE

### O DIA E A NOITE

VEJA A HISTÓRIA A SEGUIR:

1. PENSE EM UMA ATIVIDADE QUE VOCÊ GOSTA DE FAZER DURANTE O DIA OU DURANTE A NOITE. REPRESENTE ESSA ATIVIDADE COM MÍMICA PARA QUE OS COLEGAS ADIVINHEM QUAL É E DIGAM SE ELA COSTUMA SER FEITA DE DIA OU DE NOITE.

2. PINTE AS ATIVIDADES DE ACORDO COM O PERÍODO DO DIA EM QUE VOCÊ CONSEGUE OU PREFERE FAZÊ-LAS.

   ☐ IR PARA A ESCOLA.
   ☐ DORMIR.
   ☐ VER O SOL NO CÉU.
   ☐ BRINCAR.
   ☐ VER ESTRELAS NO CÉU.
   ☐ PASSEAR NO PARQUE.

   ■ NOITE
   ■ TARDE
   ■ MANHÃ

## ATIVIDADES

**1** DESENHE E ESCREVA O QUE VOCÊ COSTUMA FAZER:

**DE MANHÃ**

**DE TARDE**

**DE NOITE**

**2** DESCREVA COMO ESTAVA O DIA DE ONTEM CONSIDERANDO OS PERÍODOS DA MANHÃ, DA TARDE E DA NOITE.

# OS SERES VIVOS E OS PERÍODOS DO DIA

HÁ SERES VIVOS QUE SÃO MAIS ATIVOS NOS PERÍODOS ILUMINADOS DO DIA E OUTROS QUE SÃO MAIS ATIVOS NOS PERÍODOS ESCUROS DO DIA.

SE VOCÊ TEM GATO OU CACHORRO, JÁ PERCEBEU QUE, GERALMENTE, UM É NOTURNO E O OUTRO É DIURNO.

ANIMAIS COMO O TAMANDUÁ-BANDEIRA TÊM **HÁBITOS** DIURNOS, POIS FAZEM GRANDE PARTE DE SUAS ATIVIDADES DURANTE O DIA E SE RECOLHEM À NOITE. OUTROS, COMO ALGUMAS CORUJAS, TÊM HÁBITOS NOTURNOS, POIS SAEM À NOITE PARA SE ALIMENTAR E SE RECOLHEM DE DIA.

> **GLOSSÁRIO**
>
> **HÁBITO:** MANEIRA DE SE COMPORTAR, COSTUME QUE SE REPETE COM FREQUÊNCIA.

AS IMAGENS NÃO ESTÃO REPRESENTADAS NA MESMA PROPORÇÃO.

▶ O TAMANDUÁ-BANDEIRA É UM ANIMAL DE HÁBITOS DIURNOS.

▶ A CORUJA É UM ANIMAL DE HÁBITOS NOTURNOS.

ALGUMAS PLANTAS TÊM FLORES QUE SÓ FICAM ABERTAS DURANTE O DIA OU SÓ DURANTE A NOITE.

▶ DURANTE O DIA, AS FLORES DA ONZE-HORAS SE ABREM.

▶ DURANTE A NOITE, QUANDO O SOL SE PÕE, AS FLORES DA ONZE-HORAS SE FECHAM.

# ATIVIDADES

**1** LIGUE OS PONTOS E DESCUBRA DOIS ANIMAIS: UM DE HÁBITO NOTURNO E UM DE HÁBITO DIURNO. DEPOIS, COMPLETE AS FRASES ESCREVENDO O NOME DOS ANIMAIS QUE SURGIRAM.

NOME DO ANIMAL: _____.

CAÇA MOSCAS À NOITE.

HÁBITO: _____.

NOME DO ANIMAL: _____.

REPOUSA DURANTE A NOITE.

HÁBITO: _____.

**2** ACOMPANHADO DE UM ADULTO DE SEU CONVÍVIO, CAMINHE PRÓXIMO A UM PARQUE OU ÁREA VERDE DE SEU BAIRRO DURANTE O DIA E DURANTE A NOITE. REPARE NAS FLORES, NO ODOR DELAS, NOS ANIMAIS QUE ENCONTRAR E NOS SONS EMITIDOS POR ELES. DEPOIS, CONTE AOS COLEGAS E AO PROFESSOR O QUE PERCEBEU DURANTE OS PASSEIOS.

**3** ALÉM DOS SERES VIVOS QUE VOCÊ VIU NESTE CAPÍTULO, VOCÊ CONHECE OUTROS COM HÁBITOS DIURNOS? E COM HÁBITOS NOTURNOS? QUAIS?

# DIA APÓS DIA

DEPOIS DE UMA NOITE ESCURA, SEMPRE VEM UM DIA CLARO E, DEPOIS, NOVAMENTE VÊM A NOITE E O DIA, A NOITE E O DIA...

VENDO ISSO, O SER HUMANO COMEÇOU A CONTAR O TEMPO, DIVIDINDO OS PERÍODOS DO DIA E DA NOITE.

PARA SABER EM QUAL MOMENTO DO DIA ESTAMOS, UTILIZAMOS AS **HORAS**. O DIA É DIVIDIDO EM 24 HORAS. EM GERAL, NOS GUIAMOS PELAS HORAS PARA FAZER NOSSAS ATIVIDADES. VEMOS AS HORAS NO **RELÓGIO**.

▸ AS AULAS DE ANA COMEÇAM SEMPRE ÀS 7 HORAS DA MANHÃ.

▸ ÀS 12 HORAS, ANA ALMOÇA EM SUA CASA.

▸ ÀS 4 HORAS DA TARDE, DEPOIS DE ESTUDAR, ANA COSTUMA ASSISTIR A SEU PROGRAMA DE TELEVISÃO FAVORITO.

▸ ÀS 9 HORAS DA NOITE, ANA ESCOVA OS DENTES PARA DORMIR.

ANA VAI À ESCOLA QUASE TODOS OS DIAS, MENOS NOS FINS DE SEMANA, NAS FÉRIAS ESCOLARES E NOS FERIADOS. E VOCÊ? QUAIS OS DIAS EM QUE FREQUENTA A ESCOLA?

# CALENDÁRIO

PARA ORGANIZAR MELHOR A PASSAGEM DO TEMPO, O SER HUMANO DISTRIBUI OS DIAS EM UM **CALENDÁRIO**. VOCÊ SABE O QUE ELE MOSTRA?

▶ CALENDÁRIO DE 2020.

NO CALENDÁRIO OS DIAS SÃO SEPARADOS EM **SEMANAS**. CADA SEMANA TEM 7 DIAS: DOMINGO, SEGUNDA-FEIRA, TERÇA-FEIRA, QUARTA-FEIRA, QUINTA-FEIRA, SEXTA-FEIRA E SÁBADO.

OS DIAS TAMBÉM SÃO ORGANIZADOS EM **MESES**, QUE PODEM TER 28, 29, 30 OU 31 DIAS.

OS MESES SÃO AGRUPADOS EM **ANOS**. CADA ANO TEM 12 MESES.

## ATIVIDADES

**1** O PROFESSOR LERÁ O TEXTO A SEGUIR.

> O SOL FORNECE LUZ E CALOR AOS AMBIENTES. É POR CAUSA DA LUZ DO SOL QUE HÁ OS DIAS E AS NOITES. DURANTE O DIA, O SOL É VISTO NO CÉU E SABEMOS QUE ELE ESTÁ LÁ, MESMO SE ESTIVER COBERTO POR NUVENS. À NOITE, O SOL NÃO PODE MAIS SER VISTO. NO LUGAR DELE PODEMOS VER AS ESTRELAS E, ÀS VEZES, A LUA.

**A)** VOCÊ GOSTA DE SENTIR O CALOR DO SOL?

**B)** COMO PODEMOS SABER SE SÃO 9 HORAS DA MANHÃ OU 9 HORAS DA NOITE? O QUE PODE SER VISTO NO CÉU EM CADA HORÁRIO EM UM DIA SEM NUVENS?

**C)** PROCURE IMAGENS DE ANIMAIS QUE SÃO MAIS ATIVOS DE DIA E DE ANIMAIS QUE SÃO MAIS ATIVOS À NOITE. TRAGA AS IMAGENS PARA A SALA DE AULA, JUNTE COM AS DOS COLEGAS E FAÇAM UM MURAL.

**2** RECOMENDA-SE EVITAR A EXPOSIÇÃO AO SOL ENTRE AS 10 HORAS DA MANHÃ E AS 4 HORAS DA TARDE PARA MANTER A SAÚDE DE NOSSA PELE. ASSINALE O HORÁRIO EM QUE A FOTOGRAFIA FOI TIRADA, CONSIDERANDO QUE A MULHER DA IMAGEM SE PREOCUPA COM A SAÚDE.

☐ 11 HORAS DA MANHÃ

☐ 5 HORAS DA TARDE

☐ 8 HORAS DA NOITE

**3** NUMERE AS IMAGENS NA SEQUÊNCIA CORRETA DE ACORDO COM OS PERÍODOS DE UM DIA.

**4** PREENCHA A TABELA ABAIXO COM O NOME E OS DIAS DO MÊS ATUAL.

| MÊS: | | | | | | |
|---|---|---|---|---|---|---|
| D | S | T | Q | Q | S | S |
| | | | | | | |
| | | | | | | |
| | | | | | | |
| | | | | | | |
| | | | | | | |
| | | | | | | |

**A)** PINTE O CALENDÁRIO DE ACORDO COM A LEGENDA.

🟨 DIAS NOS QUAIS TENHO AULA DE CIÊNCIAS.

🟦 DIAS NOS QUAIS NÃO VOU PARA A ESCOLA.

**B)** EM QUE DIA DA SEMANA CAI O DIA 10? _____

**5** FAÇA UM CALENDÁRIO COM A DATA DE ANIVERSÁRIO DE TODOS DA SALA DE AULA.

# #DIGITAL

## ANIMAIS NOTURNOS

QUE CARACTERÍSTICAS OS ANIMAIS NOTURNOS TÊM QUE OS TORNAM ADAPTADOS A VIVER MELHOR À NOITE?

▶ CRIANÇAS PESQUISAM NA INTERNET COM AUXÍLIO DA PROFESSORA.

▶ VOCÊ E SEU GRUPO PESQUISARÃO ESSAS INFORMAÇÕES NA INTERNET. DEPOIS, COM A AJUDA DO PROFESSOR, FARÃO UM ÁLBUM DIGITAL COM IMAGENS E LEGENDAS. POR FIM, PUBLIQUEM O ÁLBUM NO *BLOG* DA ESCOLA OU ENVIEM POR *E-MAIL* A FAMILIARES E AMIGOS.

▶ FIQUE ATENTO AO QUE O PROFESSOR DIZ, PORQUE FAZER PESQUISA NA INTERNET NÃO É TÃO FÁCIL. É PRECISO SABER QUAIS INFORMAÇÕES SÃO IMPORTANTES E OS *SITES* QUE SÃO CONFIÁVEIS.

1. O PROFESSOR INDICARÁ UM ANIMAL PARA CADA GRUPO E LEVARÁ A TURMA PARA ACESSAR COMPUTADORES.

2. CONVERSEM E DECIDAM AS MELHORES PALAVRAS PARA DIGITAR NO *SITE* DE BUSCAS A FIM DE OBTER AS INFORMAÇÕES E A IMAGEM QUE DESEJAM. TENTEM DIGITAR: "CARACTERÍSTICAS DE ANIMAIS NOTURNOS" E DEPOIS O NOME DO ANIMAL DE SEU GRUPO.

3. COM A AJUDA DO PROFESSOR, VERIFIQUEM SE A IMAGEM ESCOLHIDA PODE SER COPIADA PARA O ARQUIVO DO GRUPO. SE PUDER, COPIEM E DIGITEM UMA LEGENDA SOBRE AS CARACTERÍSTICAS DO ANIMAL.

4. DEPOIS, SALVEM O ARQUIVO E JÁ PODEM PUBLICAR!

## HORA DA LEITURA

**O GATO, A GOTA E O PULO**

O GATO MIOU
E OLHOU PARA A TORNEIRA.
UMA GOTA CAIU
E MOLHOU SEU PELO.
TODO ARREPIADO,
O GATO ANDOU, CORREU E PULOU...
FOI PARAR NO TELHADO.
OLHOU PARA OS LADOS,
O SOL BEM QUENTINHO...
GOSTOU DO QUE OUVIU:
O CANTO DOS PASSARINHOS.

TEXTO PRODUZIDO ESPECIALMENTE PARA ESTA OBRA.

1. QUAL É A COBERTURA DO CORPO DO GATO?

2. EM QUE AMBIENTE ELE VIVE?

3. COMO O GATO SE LOCOMOVE?

4. FAÇA UM DESENHO DO GATO DO POEMA.

## REVENDO O QUE APRENDI

**1** CONSIDERANDO A FORMA DE LOCOMOÇÃO DOS ANIMAIS, NUMERE A SEGUNDA COLUNA DE ACORDO COM A PRIMEIRA.

1. ANDA
2. RASTEJA
3. NADA
4. VOA
5. PULA

☐ ÁGUIA
☐ TUBARÃO
☐ GIRAFA
☐ PULGA
☐ SERPENTE

**2** CIRCULE OS ANIMAIS QUE SÃO HERBÍVOROS, ISTO É, ALIMENTAM-SE SOMENTE DE PLANTAS.

A)
▶ PANTERA-NEGRA.

D)
▶ COELHO.

B)
▶ VACA.

E)
▶ LOBO-GUARÁ.

C)
▶ TIGRE.

F)
▶ OVELHA.

**3** ENCONTRE NO DIAGRAMA DE PALAVRAS QUATRO COMPONENTES DO AMBIENTE DE QUE A PLANTA PRECISA PARA VIVER.

| A | B | H | O | S | E | T | G | U |
|---|---|---|---|---|---|---|---|---|
| N | I | D | J | A | R | U | B | E |
| I | Á | G | U | A | P | C | P | S |
| O | A | Z | E | L | S | O | L | O |
| A | L | F | O | A | J | S | M | O |
| G | L | U | Z | H | T | A | I | V |

**4** COMPLETE O DIAGRAMA DE ACORDO COM AS DICAS.

1. PERÍODO DO DIA, ANTES DO HORÁRIO DO ALMOÇO.
2. ELEMENTO DA NATUREZA QUE ILUMINA OS DIAS.
3. NÚMERO DE MESES DO ANO.
4. ÚLTIMO MÊS DO ANO.

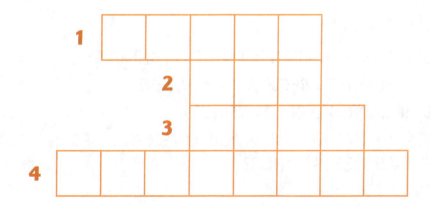

## NESTA UNIDADE VIMOS

- HÁ UMA GRANDE VARIEDADE DE ANIMAIS. ELES SÃO DIFERENTES NO TAMANHO, NO REVESTIMENTO DO CORPO, NO LOCAL ONDE VIVEM, NO QUE COMEM E COMO SE LOCOMOVEM.

- EXISTEM PLANTAS DE DIVERSOS TAMANHOS, ALGUMAS VIVEM NA ÁGUA E OUTRAS NO AMBIENTE TERRESTRE. ELAS PRECISAM DE SOLO, AR, ÁGUA E LUZ DO SOL PARA VIVER.

▶ PERÍODO DA MANHÃ, CONFORME VISTO NA PÁGINA 71.

- O AMBIENTE MUDA COM O PASSAR DO TEMPO. DURANTE O DIA, EM GERAL, ESTÁ CLARO; E, DURANTE A NOITE, ESTÁ ESCURO.

- OS SERES VIVOS PODEM TER HÁBITOS DIURNOS OU HÁBITOS NOTURNOS.

- PODEMOS DIVIDIR O TEMPO EM DIFERENTES PERÍODOS. OS DIAS PODEM SER DIVIDIDOS EM HORAS E FORMAR SEMANAS, MESES E ANOS.

▶ CORUJA, CONFORME VISTO NA PÁGINA 74.

**PARA FINALIZAR, RESPONDA:**
- O QUE PODE SER DIFERENTE ENTRE OS ANIMAIS?
- O QUE AS PLANTAS PRECISAM PARA VIVER?
- O QUE DIFERENCIA O DIA DA NOITE?
- QUAL É A IMPORTÂNCIA DE DIVIDIR O TEMPO EM PERÍODOS COMO HORAS, DIAS, MESES E ANOS?

# PARA IR MAIS LONGE

## LIVROS

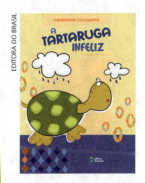

▶ **A TARTARUGA INFELIZ**, DE THEREZINHA CASASANTA. SÃO PAULO: EDITORA DO BRASIL, 2009.
O LIVRO MOSTRA COMO O CORPO DE ALGUNS ANIMAIS É REVESTIDO.

▶ **DIA E NOITE**, DE MARY E ELIARDO FRANÇA. SÃO PAULO: ÁTICA, 2015.
APRESENTA A INDECISÃO DE UMA PERSONAGEM EM DECIDIR SE PREFERE O DIA OU A NOITE. AFINAL, HÁ COISAS INTERESSANTES QUE ACONTECEM NESSES DOIS PERÍODOS!

▶ **UM LONGO DIA**, DE PILAR RAMOS. SÃO PAULO, EDITORA DO BRASIL, 2002.
UM DIA INTEIRO DE ATIVIDADES INTENSAS, O PASSEIO DE FAMÍLIA NO QUAL SE APRENDEM MUITAS COISAS E UM MERECIDO DESCANSO À NOITE. CADA PARTE QUE COMPÕE UM DIA É MOSTRADA PARA ENSINAR COMO ELE FUNCIONA, DESDE O NASCER DO SOL ATÉ A HORA DE DORMIR.

## VISITAÇÃO

▶ **MUSEU DE CIÊNCIAS E TECNOLOGIA**

AOS SÁBADOS, PEQUENOS CIENTISTAS PODEM PARTICIPAR DE UMA TARDE DE DESAFIOS NA EXPOSIÇÃO E NOS LABORATÓRIOS ESPECIAIS DO MUSEU.
MAIS INFORMAÇÕES EM: <www.pucrs.br/mct/sabado-genial/>.

- QUE AMBIENTE ESTA IMAGEM MOSTRA?
- QUE OBJETOS VOCÊ VÊ? PARA QUE ELES SERVEM?
- LOCALIZE UM OBJETO QUE GERALMENTE É FEITO DE METAL E OUTRO, DE TECIDO. ELES PODERIAM SER FEITOS DE OUTROS MATERIAIS?

## CAPÍTULO 1
## DE QUE OS OBJETOS SÃO FEITOS?

## QUE MATERIAL USAR?

SERÁ QUE VOCÊ E SEUS COLEGAS CONSEGUEM MONTAR UMA CASINHA BEM PARECIDA COM UMA CASA REAL USANDO MATERIAIS COMUNS DO DIA A DIA?

VOCÊS PRECISARÃO DE PALITOS DE SORVETE, ARGILA, FITA ADESIVA, PAPELÃO, PEDAÇOS DE PLÁSTICO, PAPEL E SUCATAS.

ANTES DE COMEÇAR, TESTEM OS MATERIAIS. QUAIS DELES PODERIAM SER USADOS NAS DIVERSAS PARTES DA CASA?

1. QUE MATERIAIS VOCÊS USARAM NA PAREDE, NA VIDRAÇA E NO TELHADO DA CASA?

2. POR QUE VOCÊS ESCOLHERAM ESSES MATERIAIS?

3. QUE MATERIAIS COSTUMAM SER USADOS NA CONSTRUÇÃO DE CASAS REAIS?

# CONHECENDO ALGUNS MATERIAIS

NA CONSTRUÇÃO DE UMA CASA SÃO USADOS DIFERENTES MATERIAIS. CADA UM DELES TEM CARACTERÍSTICAS APROPRIADAS PARA SUA FUNÇÃO. OBSERVE A SEGUIR ESTES EXEMPLOS.

▶ PAREDE DE UMA CASA SENDO CONSTRUÍDA.

O TIJOLO É FEITO DE ARGILA (BARRO). A ARGILA É COLOCADA EM FORMAS PARA SER MOLDADA. DEPOIS, É AQUECIDA EM FORNO COM TEMPERATURA BEM ALTA, PARA ENDURECER E FICAR RESISTENTE.

▶ TIJOLO DE ARGILA.

OS TIJOLOS SÃO USADOS NA CONSTRUÇÃO DE PAREDES. ELES SÃO COLOCADOS UM SOBRE O OUTRO E COLADOS COM CIMENTO, PARA A PAREDE FICAR FIRME.

A VIDRAÇA É FEITA DE VIDRO, UM MATERIAL TRANSPARENTE, FABRICADO A PARTIR DA AREIA.

ASSIM, A LUZ DO SOL PODE ENTRAR NO INTERIOR DA CASA, E QUEM ESTIVER DENTRO PODE ENXERGAR O QUE HÁ DO LADO DE FORA.

▶ JANELA COM VIDRO TRANSPARENTE.

## NA PRÁTICA

**PARTE 1**

NO QUADRO ABAIXO, COMPLETE AS COLUNAS COM AS CARACTERÍSTICAS QUE VOCÊ OBSERVAR NOS MATERIAIS DE CADA OBJETO.

FAÇA ASSIM:

- ESCREVA O NOME DA COR;
- ESCREVA SE TEM BRILHO (SIM OU NÃO);
- COMPLETE AS DEMAIS COLUNAS COM **X** SE O MATERIAL TIVER AS CARACTERÍSTICAS INDICADAS.

| OBJETO | NOME DA COR | TEM BRILHO | MACIO | DURO | LISO | ÁSPERO |
|---|---|---|---|---|---|---|
| MOEDA | | | | | | |
| PAPEL-ALUMÍNIO | | | | | | |
| FOLHA DE CORTIÇA | | | | | | |
| ALGODÃO | | | | | | |
| ARGILA | | | | | | |

## PARTE 2

VAMOS CONHECER MELHOR OUTRAS CARACTERÍSTICAS DE ALGUNS MATERIAIS?

O PROFESSOR ENTREGARÁ A VOCÊ UMA AMOSTRA DE CADA MATERIAL INDICADO NO QUADRO ABAIXO.

### PROCEDIMENTOS

1. PEGUE CADA AMOSTRA E TENTE ENXERGAR ATRAVÉS DELA. DEPOIS, TENTE DOBRÁ-LA.
2. DEIXE AS AMOSTRAS EM UM BACIA COM ÁGUA POR CINCO MINUTOS. DEPOIS, RETIRE-AS E SEQUE-AS.
3. MARQUE UM **X** NAS COLUNAS DAS CARACTERÍSTICAS OBSERVADAS EM CADA MATERIAL.

| MATERIAL | MADEIRA | METAL | PAPEL | VIDRO |
|---|---|---|---|---|
| TRANSPARENTE | | | | |
| FLEXÍVEL | | | | |
| RESISTENTE | | | | |
| ABSORVE ÁGUA | | | | |

AGORA, FAÇA O QUE SE PEDE.

1. QUAL É A PRINCIPAL CARACTERÍSTICA DO MATERIAL USADO NA FABRICAÇÃO DE UM COPO?

2. UM COPO PODE SER FEITO DE QUAIS MATERIAIS DO QUADRO?

3. SE QUERO UM COPO QUE NÃO QUEBRE, DE QUE MATERIAL, ENTRE OS CITADOS NO QUADRO, ELE DEVE SER FEITO?

4. DESCREVA DOIS OUTROS OBJETOS QUE PODEM SER FEITOS DE DIFERENTES MATERIAIS.

# CARACTERÍSTICAS DOS MATERIAIS

OS OBJETOS SÃO FEITOS DE DIFERENTES MATERIAIS, PORQUE ELES TÊM FUNÇÕES VARIADAS. APRESENTAM DIVERSAS CARACTERÍSTICAS COMO TEXTURA, COR, CHEIRO E RESISTÊNCIA.

AS IMAGENS NÃO ESTÃO REPRESENTADAS NA MESMA PROPORÇÃO.

▶ O APONTADOR SERVE PARA APONTAR O LÁPIS. ELE TEM UMA LÂMINA DE METAL PREPARADA PARA CORTAR.

▶ O LÁPIS É FEITO DE MADEIRA, QUE É RÍGIDA, E DE GRAFITE, QUE SERVE PARA ESCREVER.

▶ A TOALHA DA IMAGEM É FEITA DE ALGODÃO, MATERIAL MACIO QUE AJUDA A SECAR O CORPO.

▶ A COLHER SERVE PARA PEGAR ALIMENTOS. ELA É FEITA DE METAL, QUE É RESISTENTE.

▶ O GORRO É FEITO DE LÃ, MATERIAL QUE PODE TER ORIGEM ANIMAL. É MACIO, FLEXÍVEL E PROTEGE DO FRIO.

▶ O COPO É USADO PARA BEBER LÍQUIDOS. ELE PODE SER FEITO DE VIDRO, QUE É TRANSPARENTE E PODE QUEBRAR.

▶ SAPATOS FEITOS DE COURO E BORRACHA, MATERIAIS RESISTENTES E MACIOS QUE PROTEGEM OS PÉS CONTRA MICRORGANISMOS PREJUDICIAIS À SAÚDE E QUE PODEM ESTAR NO SOLO E NA ÁGUA.

# ATIVIDADES

**1** CAROL PRECISA ESCOLHER MATERIAIS PARA CONSTRUIR UMA CASA. AJUDE-A MARCANDO UM **X** NA OPÇÃO MAIS ADEQUADA.

**A)** JANELAS QUE DEIXEM A LUZ DO SOL ENTRAR NA CASA.

**B)** PORTA DE ENTRADA DA CASA, PARA QUE NÃO SE POSSA ENXERGAR O QUE ESTÁ DO OUTRO LADO.

**2** LEIA O TEXTO E PINTE AS PALAVRAS ASSIM:

 MATERIAL CORRETO.     MATERIAL INCORRETO.

O ROBÔ RBX-80 É PROGRAMADO PARA COZINHAR.

UM DIA, ELE TROPEÇOU, CAIU, BATEU A CABEÇA E FICOU CONFUSO. ENTÃO, ELE COZINHOU FEIJÃO EM UM RECIPIENTE DE PLÁSTICO; ASSOU UM FRANGO EM UMA FORMA DE PAPELÃO; FRITOU UM OVO EM UMA FRIGIDEIRA DE ALUMÍNIO, QUE É UM METAL.

# CAPÍTULO 2 — USAR E REUTILIZAR

## REUTILIZAR E CRIAR

ALINE RECOLHEU, EM SUA CASA, ALGUMAS EMBALAGENS E OUTROS MATERIAIS JÁ UTILIZADOS. EM VEZ DE DESCARTÁ-LOS, ELA RESOLVEU USÁ-LOS NOVAMENTE. AFINAL, A GAROTA ESTAVA PRECISANDO DE ALGUNS OBJETOS PARA PÔR ORDEM EM SEU QUARTO.

ILUSTRAÇÕES: ILUSTRA CARTOON

**1** QUE MATERIAIS ALINE RECOLHEU EM SUA CASA?

**2** DESENHE, NO QUADRO AO LADO, UM OBJETO QUE ALINE PODERIA FAZER COM OS MATERIAIS QUE ENCONTROU.

**3** PARA QUE PODE SER USADO O OBJETO QUE VOCÊ AJUDOU ALINE A CRIAR?

# REUTILIZAÇÃO DE MATERIAIS

AS PESSOAS USAM MUITOS MATERIAIS RETIRADOS DA NATUREZA PARA FABRICAR OBJETOS.

NA ATIVIDADE DA PÁGINA ANTERIOR, VOCÊ VIU QUE PODEMOS REUTILIZAR UMA EMBALAGEM EM VEZ DE JOGÁ-LA NA LIXEIRA. ASSIM NÃO NECESSITAMOS RETIRAR NOVAMENTE MATERIAIS DA NATUREZA PARA FABRICAR NOVOS OBJETOS.

ESSA ATITUDE AJUDA A REDUZIR A QUANTIDADE DE LIXO E DÁ NOVA UTILIDADE PARA OBJETOS E MATERIAIS. CONHEÇA OUTRO EXEMPLO AO LADO.

▶ DEPOIS DE SEU LÍQUIDO SER CONSUMIDO, A GARRAFA PET PODE SER TRANSFORMADA EM FLOREIRA OU HORTA VERTICAL.

COMO ALINE NÃO REUTILIZOU TODOS OS MATERIAIS, ELA VAI DESCARTÁ-LOS NAS LIXEIRAS CORRETAS PARA QUE POSSAM SER **RECICLADOS**. VOCÊ CONHECE ESSAS LIXEIRAS? SABE QUE TIPO DE MATERIAL DEVE SER COLOCADO EM CADA UMA DELAS?

▶ LIXEIRAS RECICLÁVEIS.

AS IMAGENS NÃO ESTÃO REPRESENTADAS NA MESMA PROPORÇÃO.

## GLOSSÁRIO

**RECICLAR:** O MATERIAL VOLTA PARA A FÁBRICA E É PREPARADO PARA SER TRANSFORMADO EM NOVO PRODUTO. POR EXEMPLO, GARRAFAS PET PODEM SER TRANSFORMADAS EM FIBRAS PARA FABRICAR CAMISETAS.

AGORA É SUA VEZ!

TRAGA SUCATA PARA A ESCOLA E FAÇA UM BRINQUEDO UTILIZANDO ESSE MATERIAL.

MOSTRE SUA INVENÇÃO AOS COLEGAS E OBSERVE O QUE ELES CRIARAM.

## CHAMANDO PARA O DEBATE

GRANDE PARTE DO LIXO PRODUZIDO PELA SOCIEDADE SÃO OBJETOS DE PLÁSTICO, COMO SACOS E EMBALAGENS. O PLÁSTICO É UM MATERIAL DURÁVEL E RESISTENTE. ELE DEMORA MUITO TEMPO PARA SE DESMANCHAR E, ENQUANTO ISSO, FICA POLUINDO O AMBIENTE.

O AMBIENTE POLUÍDO PODE ATRAIR INSETOS, QUE PREJUDICAM NOSSA SAÚDE. OUTRO PROBLEMA É QUE PARTE DO LIXO ACABA INDO PARA O MAR, COLOCANDO EM RISCO A VIDA DOS ANIMAIS QUE ALI VIVEM.

▶ TARTARUGA-MARINHA MORTA ENROLADA EM PLÁSTICO. IPOJUCA, PERNAMBUCO, 2017.

1. VOCÊ ACHA QUE AS PESSOAS DEVERIAM SE IMPORTAR MAIS COM O LIXO QUE PRODUZEM? POR QUÊ?

2. ALGUMAS CIDADES BRASILEIRAS PROÍBEM O USO DE SACOLAS PLÁSTICAS EM LOJAS E SUPERMERCADOS. QUE BENEFÍCIOS ESSA LEI PODE TRAZER?

# ATIVIDADE

**1** MUITAS COMUNIDADES INDÍGENAS USAM PARTES DE PLANTAS PARA FAZER OBJETOS. AS PESSOAS TRANÇAM FOLHAS E FAZEM OS CESTOS QUE UTILIZAM NO DIA A DIA. ESSA ATIVIDADE É CHAMADA DE **ARTESANATO**.

> **GLOSSÁRIO**
>
> **ARTESANATO:** ATIVIDADE DE PRODUÇÃO DE OBJETOS POR MEIO DE TRABALHO MANUAL, SEM MÁQUINAS.

**A)** RECORTE AS FIGURAS DA PÁGINA 127 DO ENCARTE E COLE-AS ABAIXO.

**B)** CONVERSE COM UM COLEGA SOBRE A UTILIDADE DESSES OBJETOS.

COLE A PENEIRA AQUI

▶ PENEIRA ARTESANAL. MANAUS, AMAZONAS, 2016.

COLE O CESTO AQUI

▶ CESTO ARTESANAL FEITO POR INDÍGENAS. MANAUS, AMAZONAS, 2001.

COLE A ESTEIRA AQUI

▶ ESTEIRA DE PALHA. CUIABÁ, MATO GROSSO, 2013.

COLE O BRACELETE AQUI

▶ ADORNO (BRACELETE) INDÍGENA. MANAUS, AMAZONAS, 2010.

# COMO EU VEJO
## A ALEGRIA DE COMPARTILHAR

A TURMA ESTÁ FAZENDO UMA ATIVIDADE INTERESSANTE. CADA ALUNO DEVE DESENHAR E PINTAR UM OBJETO QUE UTILIZA EM SUA CASA PELA MANHÃ, ANTES DE IR À ESCOLA. PORÉM, TRÊS ALUNOS NÃO CONSEGUIRAM TRAZER O MATERIAL PEDIDO PELO PROFESSOR. VAMOS AJUDÁ-LOS? PARA ISSO, É PRECISO DESCOBRIR DE QUE OBJETO CADA ALUNO PRECISA E A QUEM DEVE PEDI-LO EMPRESTADO.

**JANETE** PRECISA DE UM OBJETO LEVE, COM UMA PARTE DURA FEITA DE MADEIRA E COM FIOS MACIOS E AMARELOS NA PONTA.
ELA PRECISA DE UM

_____.

ELA DEVE PEDI-LO EMPRESTADO DE

_____.

**LÚCIA** NECESSITA DE UM OBJETO LEVE, DOBRÁVEL, QUE NÃO É TRANSPARENTE E ESTÁ NA COR AZUL.
ELA NECESSITA DE UMA FOLHA DE

_____.

ELA DEVE PEDI-LA EMPRESTADO DE

_____.

**CAÍQUE** PRECISA DE UM OBJETO LISO, RÍGIDO E TRANSPARENTE. DENTRO DELE HÁ TINTA AMARELA. ELE PRECISA DE UM

_____
DE TINTA.
ELE DEVE PEDI-LO EMPRESTADO DE

_____.

1. QUANDO ESTÁ SEM ALGUM MATERIAL ESCOLAR, O QUE VOCÊ FAZ?
2. SE UM COLEGA PRECISAR DE ALGUM MATERIAL ESCOLAR, O QUE VOCÊ FAZ?
3. VOCÊ TOMA CUIDADO PARA NÃO DANIFICAR O MATERIAL ESCOLAR QUE PEGA EMPRESTADO?

# COMO EU TRANSFORMO
## O USO E O COMPARTILHAMENTO

 ARTE  MATEMÁTICA  LÍNGUA PORTUGUESA

**O QUE VAMOS FAZER?**
UMA FEIRA DE MATERIAIS ESCOLARES.

**PARA QUE FAZER?**
PARA COMPARTILHAR OS MATERIAIS ESCOLARES.

**COM QUEM FAZER?**
COM O PROFESSOR, OS COLEGAS E OUTRAS PESSOAS DA ESCOLA OU DE CASA.

▶ CRIANÇAS EM AMBIENTE ESCOLAR.

**COMO FAZER?**

1. DESENHE, NUMA FOLHA DE PAPEL, UM MATERIAL ESCOLAR DE QUE VOCÊ GOSTA E DIGA AOS COLEGAS O MOTIVO.

2. VOCÊ COSTUMA EMPRESTAR SEU MATERIAL AOS COLEGAS?

3. JÁ PEDIU ALGUMA COISA EMPRESTADA?

4. EM SUA ESCOLA, HÁ ALGUM MATERIAL ESCOLAR QUE NÃO É SEU, MAS VOCÊ UTILIZA?

5. VOCÊ TEM MATERIAL ESCOLAR QUE NÃO USA MAIS? ELE PODERIA SER ÚTIL A ALGUÉM?

6. TRAGA PARA A ESCOLA ALGUM MATERIAL ESCOLAR QUE VOCÊ NÃO USA. DEPOIS, COM OS COLEGAS, ORGANIZEM O MATERIAL QUE VOCÊ E ELES TROUXERAM.

7. AJUDE O PROFESSOR A PREPARAR UMA FEIRA DE MATERIAIS ESCOLARES QUE PODERÃO SER TROCADOS. ASSIM, O QUE NÃO É USADO POR VOCÊ PODERÁ SER ÚTIL PARA UM COLEGA, E VICE-VERSA.

COMO VOCÊ SE SENTIU APÓS A FEIRA DE TROCAS? POR QUÊ?

## HORA DA LEITURA

AS PLANTAS PODEM SER USADAS COMO MATERIAL PARA A PRODUÇÃO DE MUITOS OBJETOS E COMO ALIMENTO. O PALMITO, POR EXEMPLO, PODE SER RETIRADO DO BURITI.

O TEXTO ABAIXO TRAZ MAIS INFORMAÇÕES SOBRE O BURITI.

### ÁRVORE-DA-VIDA

CONHECIDO COMO UMA DAS MAIS BELAS PALMEIRAS, [...] O BURITI SE DESENVOLVE EM TERRENOS BAIXOS COM GRANDE OFERTA DE ÁGUA, COMO MARGENS DE RIOS [...].

A ESPÉCIE CHAMADA PELOS POVOS INDÍGENAS DE "ÁRVORE-DA-VIDA" É TOTALMENTE APROVEITADA POR COMUNIDADES. [...] AS FOLHAS DO BURITI [...] SÃO GERALMENTE COLETADAS PARA COBERTURAS DE CASAS RÚSTICAS E UTILIZAÇÃO EM ARTESANATO. [...]

A PRODUÇÃO DE ÓLEO É FEITA A PARTIR DA POLPA [DO FRUTO] E DA SEMENTE. POR APRESENTAR ALTOS TEORES DE VITAMINA A, PODE SER UTILIZADA COMO PRODUTO COMESTÍVEL. [...]

TALITA DELGROSSI BARROS E JOSÉ GILBERTO JARDINE. ÁRVORE-DA-VIDA. AGÊNCIA EMBRAPA DE INFORMAÇÃO TECNOLÓGICA. DISPONÍVEL EM: <www.agencia.cnptia.embrapa.br/gestor/agroenergia/arvore/CONT000fbl23vmz02wx5eo0sawqe3flbr6im.html>. ACESSO EM: 28 FEV. 2019.

**1** CRIE UMA EXPLICAÇÃO PARA O NOME "ÁRVORE-DA-VIDA".

▶ BURITIS EM TERRENO ALAGADO.

▶ ARTESANATO COM PALHA DE BURITI TRANÇADA.

# REVENDO O QUE APRENDI

**1** DESENHE UM OBJETO FEITO DE TECIDO E OUTRO DE METAL.

| TECIDO | METAL |
|---|---|
|  |  |

**A)** ESCREVA O NOME DOS OBJETOS QUE VOCÊ DESENHOU.

- DE TECIDO: _____
- DE METAL: _____

**B)** ESCREVA SE O MATERIAL É MOLE OU RÍGIDO.
- TECIDO: _____.
- METAL: _____.

**C)** COMPLETE AS FRASES USANDO AS PALAVRAS **TECIDO** E **METAL**.

- COM O _____ É POSSÍVEL FAZER UMA ROUPA.

- COM O _____ É POSSÍVEL FAZER UMA COLHER.

**2** ESCREVA O PRINCIPAL MATERIAL DE QUE CADA OBJETO É FEITO. DEPOIS, EXPLIQUE A UM COLEGA POR QUE ELES SÃO FEITOS DESSE MATERIAL.

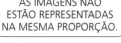
AS IMAGENS NÃO ESTÃO REPRESENTADAS NA MESMA PROPORÇÃO.

▶ GARRAFA PET.

▶ TAÇA.

▶ CARTEIRA.

▶ SOFÁ.

**3** PENSANDO NO REAPROVEITAMENTO DE MATERIAIS, ORGANIZE AS IMAGENS NA SEQUÊNCIA CORRETA COMEÇANDO DO PRODUTO COMPRADO.

A)

B)

## NESTA UNIDADE VIMOS

- UM OBJETO PODE SER FEITO DE DIFERENTES MATERIAIS, COMO UMA JANELA QUE PODE SER FEITA DE METAL E DE VIDRO, UMA PAREDE DE TIJOLOS ETC.
- OS DIFERENTES OBJETOS SÃO FEITOS DE MATERIAIS ADEQUADOS À SUA FUNÇÃO.
- CADA TIPO DE MATERIAL TEM SUAS CARACTERÍSTICAS PRÓPRIAS. ELE PODE, POR EXEMPLO, SER MUITO OU POUCO FLEXÍVEL, MUITO OU POUCO RESISTENTE, RÍGIDO OU NÃO, ENTRE OUTRAS.
- CONSEGUIMOS ENXERGAR ATRAVÉS DE MATERIAIS TRANSPARENTES, QUE PODEM SER ATRAVESSADOS PELA LUZ, COMO O VIDRO.
- MUITOS MATERIAIS PODEM SER REUTILIZADOS, O QUE DIMINUI A PRODUÇÃO DE LIXO. SEPARAR O LIXO DE FORMA CORRETA AJUDA NA RECICLAGEM.
- O ARTESANATO É UMA DAS TÉCNICAS USADAS PARA PRODUZIR OBJETOS COM MATERIAIS NATURAIS.

▶ COPO DE VIDRO, QUE É UM MATERIAL TRANSPARENTE, CONFORME VISTO NA PÁGINA 92.

▶ LIXEIRAS RECICLÁVEIS, CONFORME VISTO NA PÁGINA 95.

**PARA FINALIZAR, RESPONDA:**

▶ O QUE DIFERENCIA UM MATERIAL DO OUTRO?

▶ POR QUE DETERMINADOS OBJETOS FICAM MELHORES QUANDO SÃO FEITOS DE CERTOS MATERIAIS?

▶ COMO PODEMOS REUTILIZAR MATERIAIS E OBJETOS?

# PARA IR MAIS LONGE

## LIVROS

▶ **NADA DE LIXO**, ROSANA JATOBÁ E ARMINDA JARDIM. SÃO PAULO: PLANO B EDITORIAL, 2016.

NO LIVRO, AS CRIANÇAS PARTICIPAM DE UMA OFICINA DE REAPROVEITAMENTO NA ESCOLA, COM OBJETOS FEITOS DE RESTOS DE BRINQUEDOS E DO QUE SERIA CONSIDERADO LIXO. DEPOIS, EM CASA, SÃO INCENTIVADAS A REDUZIR O LIXO GERADO, NA BUSCA DO LIXO ZERO.

▶ **MEU BRINQUEDO É DIFERENTE**, DE SUELEN KATERINE ANDRADE SANTOS. BLUMENAU: TODO LIVRO, 2012.

NESSE LIVRO, VOCÊ VERÁ COMO CRIAR BRINQUEDOS DIFERENTES E PODERÁ ENCONTRAR SUA PRÓPRIA MANEIRA DE BRINCAR REUTILIZANDO MATERIAIS.

## SITES

▶ **DE ONDE VEM O VIDRO?** *DE ONDE VEM?* 4 MIN.

MOSTRA A ORIGEM DO VIDRO E COMO ELE É PRODUZIDO. DISPONÍVEL EM: <https://api.tvescola.org.br/tve/video/de-onde-vem-de-onde-vem-o-vidro>. ACESSO EM: 26 FEV. 2019.

▶ **DE ONDE VEM O PLÁSTICO?** *DE ONDE VEM?* 4 MIN.

MOSTRA A ORIGEM DO PLÁSTICO E COMO ELE É FABRICADO. DISPONÍVEL EM: <https://api.tvescola.org.br/tve/video/de-onde-vem-de-onde-vem-o-plastico>. ACESSO EM: 26 FEV. 2019.

## VISITAÇÃO

▶ **MUSEU DO LIXO**. FLORIANÓPOLIS, SANTA CATARINA.

AGRUPA MATERIAIS E OBJETOS RESGATADOS DO LIXO E REPRESENTA UMA MEMÓRIA DOS HÁBITOS E DO CONSUMO DA SOCIEDADE. MAIS INFORMAÇÕES EM: <www.pmf.sc.gov.br/entidades/comcap/index.php?cms=museu+do+lixo+++historia+e+agenda&menu=12>.

# ATIVIDADES PARA CASA

**UNIDADE 1**

## CAPÍTULO 1: NOSSO CORPO

**1** OBSERVE A FOTOGRAFIA A SEGUIR. DEPOIS LIGUE CADA PARTE DO CORPO A SEU NOME.

CABEÇA  PESCOÇO
PEITO  BARRIGA
BRAÇO  MÃO
QUADRIL  COXA
PÉ  PERNA

**2** DESENHE AS PARTES DO CORPO QUE FICAM NA CABEÇA. DEPOIS, ESCREVA O NOME DAS PARTES QUE VOCÊ DESENHOU.

_____

_____

_____

_____

**3** ANDRÉ ESTAVA ANDANDO DE BICICLETA E MACHUCOU OS COTOVELOS E OS JOELHOS. DESENHE UM CURATIVO NESSAS PARTES DO CORPO DELE E PINTE A IMAGEM.

EDUARDO BELMIRO

**4** ESCREVA AS LETRAS QUE FALTAM E DESCUBRA NOMES DE PARTES DO CORPO DE ACORDO COM AS FUNÇÕES DELAS.

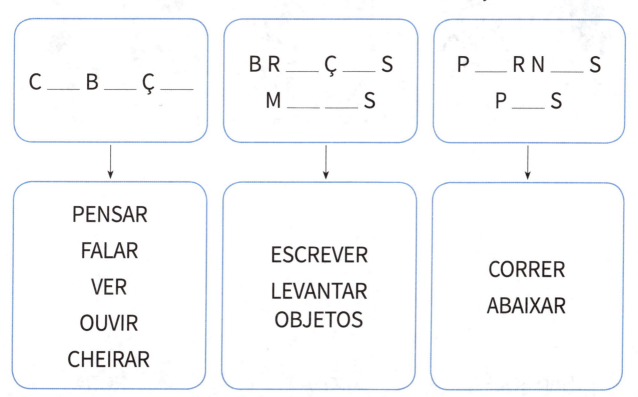

# CAPÍTULO 2: SOMOS IGUAIS E DIFERENTES

**1** PINTE OS ☐ QUE INDICAM CARACTERÍSTICAS FÍSICAS SEMELHANTES NA MAIORIA DAS PESSOAS.

A) ☐ DOIS BRAÇOS

B) ☐ DUAS MÃOS

C) ☐ OLHOS AZUIS

D) ☐ CABELOS LOIROS

E) ☐ UMA CABEÇA

F) ☐ UM NARIZ

**2** OS SERES HUMANOS TÊM GOSTOS DIFERENTES. POR ISSO, PARA QUE TODOS FIQUEM FELIZES E POSSAM PARTICIPAR DAS BRINCADEIRAS NO RECREIO, AS BRINCADEIRAS PRECISAM SER VARIADAS.

◆ LIGUE AS BRINCADEIRAS AOS NOMES.

BAMBOLÊ          BOLA          RODA

**3** OBSERVE A IMAGEM A SEGUIR E RESPONDA ÀS QUESTÕES.

A) CIRCULE SEMELHANÇAS ENTRE AS CRIANÇAS DA IMAGEM.

B) FAÇA UM **X** PARA INDICAR AS DIFERENÇAS ENTRE ESSAS CRIANÇAS.

**4** PINTE AS FIGURAS DE ACORDO COM A LEGENDA DE CORES.

AGORA, ESCREVA O NOME DO QUE CADA IMAGEM REPRESENTA.

109

# UNIDADE 2

## CAPÍTULO 1: VAMOS CUIDAR DA SAÚDE

**1** LIGUE O OBJETO À PALAVRA QUE INDICA A PARTE DO CORPO EM QUE ELE É USADO NA HIGIENE.

A)

B)

C)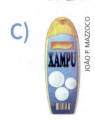

- DENTES
- CABELO
- CORPO

**2** PINTE AS ILUSTRAÇÕES QUE INDICAM HÁBITOS DE HIGIENE.

A)

B)

C)

D)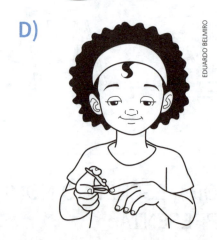

**3** CONSUMIR FRUTAS, VERDURAS E LEGUMES É UM HÁBITO SAUDÁVEL.

DESENHE NO PRATO 3 VERDURAS OU LEGUMES QUE VOCÊ COME.

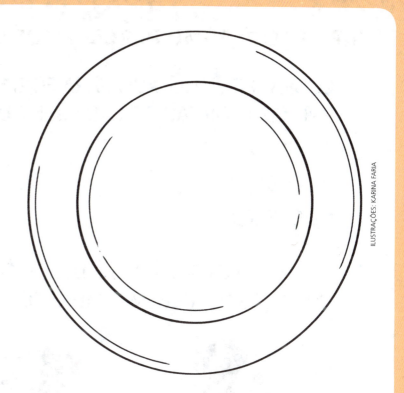

ILUSTRAÇÕES: KARINA FARIA

**4** ASSINALE COM **X** A FREQUÊNCIA COM QUE VOCÊ CONSOME OS ALIMENTOS A SEGUIR E DEPOIS REFLITA: VOCÊ SE ALIMENTA DE MODO SAUDÁVEL? É POSSÍVEL MELHORAR A SUA ALIMENTAÇÃO? NA PRÓXIMA AULA CONTE PARA SEUS COLEGAS E PROFESSOR O QUE DESCOBRIU.

| ALIMENTO | SEMPRE | ÀS VEZES | NUNCA |
|---|---|---|---|
| FRUTAS | | | |
| VERDURAS E LEGUMES | | | |
| GULOSEIMAS – BALAS, SALGADINHOS | | | |
| ARROZ E FEIJÃO | | | |
| CARNE | | | |
| LEITE, IOGURTE E QUEIJOS | | | |
| REFRIGERANTE | | | |

# CAPÍTULO 2: COMO PERCEBEMOS O AMBIENTE

**1** CUBRA O PONTILHADO PARA FORMAR O NOME DO PRINCIPAL ÓRGÃO DE CADA SENTIDO.

A) VISÃO OLHOS

B) AUDIÇÃO ORELHAS

C) OLFATO NARIZ

D) GUSTAÇÃO LÍNGUA

E) TATO PELE

**2** LIGUE AS FOTOGRAFIAS À DESCRIÇÃO DA MANEIRA COMO AS CRIANÇAS PERCEBEM O MUNDO.

A)

B)

C)

OUVEM

SENTEM CHEIRO

VEEM

TOCAM

SENTEM GOSTO

D)

E)

**3** ATITUDES ERRADAS PODEM PREJUDICAR OS ÓRGÃOS DOS SENTIDOS. IDENTIFIQUE, EM CADA ATITUDE A SEGUIR, O SENTIDO AFETADO.

A) ESFREGAR OS OLHOS COM A MÃO SUJA.

| | | | Ã | |

B) NÃO ESCOVAR A LÍNGUA REGULARMENTE.

| | | S | | Ç | Ã | |

C) COLOCAR OBJETOS DENTRO DO NARIZ.

| | L | | T | |

D) FICAR EXPOSTO AO SOL SEM PROTETOR SOLAR.

| | T | |

E) OLHAR DIRETAMENTE PARA O SOL.

| | | | Ã | |

**4** MARQUE COM **X** A IMAGEM QUE MOSTRA A ATITUDE CORRETA DE CUIDADO COM AS ORELHAS.

A) ☐

B) ☐

C) ☐

D) ☐

# UNIDADE 3

## CAPÍTULO 1: O AMBIENTE E OS SERES VIVOS

**1** COMPLETE O QUADRO COM O NOME DOS ANIMAIS ILUSTRADOS, DE ACORDO COM A CLASSIFICAÇÃO.

| ONDE VIVE | | COBERTURA DO CORPO | | |
|---|---|---|---|---|
| TERRA | ÁGUA | PELOS | PENAS | ESCAMAS |
|  |  |  |  |  |

**2** PINTE OS RETÂNGULOS DA SEGUINTE FORMA: USE **VERDE** SE O ANIMAL SE ALIMENTAR SOMENTE DE PLANTAS, **VERMELHO** SE A ALIMENTAÇÃO FOR CARNE E **AMARELO** SE ELE SE ALIMENTAR TANTO DE CARNE QUANTO DE PLANTAS.

GALINHA      ONÇA      ZEBRA

**3** LIGUE OS PONTOS E SURGIRÁ UM ANIMAL QUE SE LOCOMOVE NADANDO. DEPOIS ESCREVA QUE ANIMAL É.

_____

**4** AS IMAGENS DAS ETAPAS DO DESENVOLVIMENTO DE UMA PLANTA NÃO ESTÃO NA ORDEM CORRETA. ORGANIZE-AS LIGANDO CADA UMA AO NÚMERO CORRESPONDENTE.

1  2  3  4

**5** ASSINALE COM **X** O QUE A PLANTA PRECISA PARA SE DESENVOLVER.

A) ☐ ÁGUA

B) ☐ AR

C) ☐ SILÊNCIO

D) ☐ LUZ SOLAR

E) ☐ SOLO

F) ☐ SOMBRA

# CAPÍTULO 2: PASSAGEM DO TEMPO NO AMBIENTE

**1** COMPLETE AS FRASES A SEGUIR.

EU NASCI NO DIA _____ DO ANO _____.

ESTAMOS NO ANO _____.

ENTÃO EU TENHO _____ ANOS E _____ MESES.

**2** LIGUE OS PONTOS E DESCUBRA UM ANIMAL QUE É MAIS ATIVO DURANTE A NOITE E OUTRO QUE É MAIS ATIVO DURANTE O DIA.

ILUSTRAÇÕES: KARINA FARIA

◆ COMPLETE AS PALAVRAS COM AS LETRAS QUE FALTAM E DESCUBRA O NOME DESSES ANIMAIS.

B ___ ___ J ___ - F L ___ R.

___ N Ç ___ - P ___ N T ___ D ___.

**3** O CALENDÁRIO MARCA **DIAS**, **SEMANAS** E **MESES** DE UM **ANO**. ENCONTRE NO DIAGRAMA ESSAS PALAVRAS EM DESTAQUE.

| D | I | A | S | À | U | N | H | C | Z |
|---|---|---|---|---|---|---|---|---|---|
| V | É | Ê | I | A | Ê | Ô | U | Ç | Ç |
| P | Ú | Ó | W | A | N | O | Â | K | P |
| Q | Á | Â | A | Ò | P | Ó | Â | E | À |
| Ó | T | Ç | O | Z | P | H | V | Ó | B |
| J | X | M | E | S | E | S | É | C | T |
| S | E | M | A | N | A | S | U | Q | X |

**4** AS IMAGENS, QUE MOSTRAM UM MESMO LOCAL DURANTE UM DIA, ESTÃO FORA DE ORDEM. PARA COLOCÁ-LAS NA SEQUÊNCIA CORRETA, ESCREVA OS NÚMEROS DE 1 A 3 NOS QUADRADINHOS.

ILUSTRAÇÕES: ILUSTRA CARTOON

# UNIDADE 4

## CAPÍTULO 1: DE QUE OS OBJETOS SÃO FEITOS?

**1** FAÇA O QUE SE PEDE EM CADA SITUAÇÃO A SEGUIR E ASSINALE AS CARACTERÍSTICAS PERCEBIDAS DO MATERIAL.

A) TOQUE NA FOLHA DE SEU LIVRO. ELA É:

☐ DURA. ☐ MOLE. ☐ FINA. ☐ GROSSA.

B) TOQUE NO SEU LÁPIS. ELE É:

☐ DURO. ☐ MOLE. ☐ LISO. ☐ ÁSPERO.

C) OBSERVE O VIDRO DA JANELA DA SUA SALA DE AULA. ELE É:

☐ DURO. ☐ MOLE. ☐ TRANSPARENTE.

☐ NÃO TRANSPARENTE.

D) TOQUE NA SUA CARTEIRA. ELA É:

☐ DURA. ☐ MOLE. ☐ LISA. ☐ ÁSPERA.

**2** CIRCULE A OPÇÃO MAIS ADEQUADA.

A) PARA DEIXAR A LUZ DO SOL ENTRAR EM UMA CASA E ILUMINAR O AMBIENTE, AS JANELAS DEVEM SER DE:

MADEIRA.    VIDRO.    METAL.    BARRO.

B) PARA FAZER A PORTA DA CASA DE MODO QUE NÃO SEJA POSSÍVEL ENXERGAR DO OUTRO LADO, DEVE-SE USAR:

MADEIRA.    VIDRO.

C) EM UMA PANELA BEM RESISTENTE PARA COZINHAR ALIMENTOS, DEVE-SE USAR:

MADEIRA.    VIDRO.    METAL.    BARRO.

**3** NO ESPAÇO A SEGUIR, COLE A IMAGEM DE DOIS OBJETOS OU DESENHE: UM QUE VOCÊ PODE ENXERGAR ATRAVÉS DELE E OUTRO QUE VOCÊ NÃO PODE.

**4** SELECIONE O MATERIAL MAIS INDICADO PARA FAZER OS OBJETOS NUMERANDO A SEGUNDA COLUNA DE ACORDO COM A PRIMEIRA.

| 1 | ALGODÃO | | MOEDAS |
| 2 | PAPEL | | TOALHA DE BANHO |
| 3 | ARGILA | | TIJOLO |
| 4 | MADEIRA | | CADERNO |
| 5 | VIDRO | | BANCO |
| 6 | METAL | | COPO |

## CAPÍTULO 2: USAR E REUTILIZAR

**1** OBSERVE AS IMAGENS A SEGUIR E LIGUE-AS COM AS PALAVRAS CORRETAS.

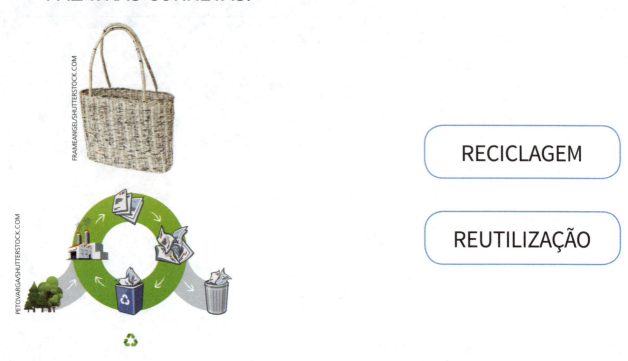

RECICLAGEM

REUTILIZAÇÃO

**2** DESENHE O QUE VOCÊ PODE FAZER COM UMA GARRAFA PET PARA DAR NOVA FINALIDADE A ELA.

◆ A SUA PROPOSTA É UM EXEMPLO DE:

☐ RECICLAGEM.  ☐ REUTILIZAÇÃO.

**3** OBSERVE A ILUSTRAÇÃO DE UM AMBIENTE AQUÁTICO. CIRCULE O QUE NÃO FAZ PARTE DESSE AMBIENTE.

**4** LIGUE CADA TIPO DE LIXO À LIXEIRA CORRETA.

A)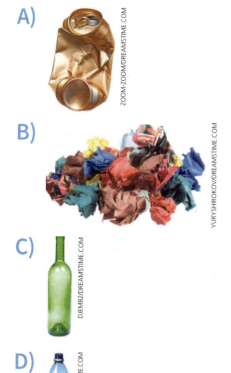

B)

C)

D)

 VIDRO

 METAL

 PLÁSTICO

 PAPEL

# REFERÊNCIAS

BARBOSA, Déborah Márcia de Sá; BARBOSA, Arianne de Sá. Como deve acontecer a inclusão de crianças especiais nas escolas. In: ENCONTRO DE PESQUISA EM EDUCAÇÃO DA UNIVERSIDADE FEDERAL DO PIAUÍ, 3., 2004, Teresina. *Anais...* Disponível em: <http://leg.ufpi.br/subsiteFiles/ppged/arquivos/files/GT8.PDF>. Acesso em: 24 abr. 2019.

BOLONHINI JR., Roberto. *Portadores de necessidades especiais*: as principais prerrogativas dos portadores de necessidades especiais e a legislação brasileira. São Paulo: Arx, 2004.

BRASIL. Congresso Nacional. Câmara dos Deputados. *Estatuto da criança e do adolescente*. 15. ed. Brasília: Edições Câmara, 2015 [1990].

_____. Ministério da Educação. *Base Nacional Comum Curricular*. Brasília, 2017.

_____. Ministério da Educação. Secretaria de Educação Básica. Diretoria de Currículos e Educação Integral. *Diretrizes Curriculares Nacionais da Educação Básica*. Brasília, 2013.

CACHAPUZ, António (Org.). *A necessária renovação do ensino das Ciências*. São Paulo: Cortez, 2011.

CANIATO, Rodolpho. *O céu*. São Paulo: Átomo, 2011.

COLL, C.; PALACIOS, J.; MARCHESI, A. (Org.). *Desenvolvimento psicológico e educação*. Porto Alegre: Artmed, 1995.

DORNELLES, Leni Vieira; BUJES, Maria Isabel E. (Org.). *Educação e infância na era da informação*. Porto Alegre: Mediação, 2012.

FRAIMAN, Leonardo de Perwin e. *A importância da participação dos pais na educação escolar*. São Paulo. Dissertação (Mestrado em Psicologia) – Instituto de Psicologia da Universidade de São Paulo. Disponível em: <www.leofraiman.com.br/arquivos/Tese%20de%20Mestrado%20USP.pdf>. Acesso em: 24 abr. 2019.

FREIRE, Paulo. *Educação como prática da liberdade*. Rio de Janeiro: Paz e Terra, 2009.

GOLEMAN, D. *Inteligência emocional*: a teoria revolucionária que redefine o que é ser inteligente. Rio de Janeiro: Objetiva, 1995.

LAMPERT, Ernani (Org.). *Educação, cultura e sociedade*: abordagens múltiplas. Porto Alegre: Sulina, 2004.

LA TAILLE, Yves de; OLIVEIRA, Marta Kohl de. *Piaget, Vygotsky, Wallon*: teorias psicogenéticas em discussão. São Paulo: Summus, 1992.

MAGDALENA, Beatriz Corso; COSTA, Íris Elizabeth Tempel. *Internet em sala de aula*: com a palavra, os professores. Porto Alegre: Artmed, 2003.

MOREIRA, Marco A. *A teoria da aprendizagem significativa e sua implementação em sala de aula*. Brasília: Editora da UnB, 2006.

MORETTO, Vasco P. Reflexões construtivistas sobre habilidades e competências. *Dois Pontos*: Teoria & Prática em Gestão, v. 5, n. 42, p. 50-54, 1999.

SANTOS, W. L. P. Educação científica na perspectiva de letramento como prática social: funções, princípios e desafios. *Revista Brasileira de Educação*, Rio de Janeiro, v. 12, n. 36, dez. 2007. Disponível em: <www.scielo.br/pdf/rbedu/v12n36/a07v1236.pdf>. Acesso em: 24 abr. 2019.

SCHIEL, Dietrich; ORLANDI, Angelina Sofia (Org.). *Ensino de Ciências por investigação*. São Carlos: Centro de Divulgação Científica e Cultural/USP, 2009.

SCHROEDER, Carlos. Atividades experimentais de Física para crianças de 7 a 10 anos. *Textos de apoio ao professor de Física.* Porto Alegre: Instituto de Física da UFRGS, n. 16, 2005.

TEIXEIRA, Wilson et al. *Decifrando a Terra*. 2. ed. São Paulo: Companhia Editora Nacional, 2009.

TORTORA, Gerard J. *Corpo humano*: fundamentos de anatomia e fisiologia. 8. ed. Porto Alegre: Artmed, 2010.

TOWNSEND, Colin R.; BEGON, Michael; HARPER, John L. *Fundamentos em Ecologia*. 3. ed. Porto Alegre: Artmed, 2010.

ENCARTES

## PEÇAS PARA A ATIVIDADE 3 DA PÁGINA 12.

RECORTAR

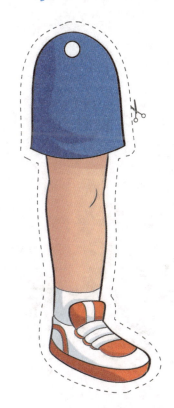

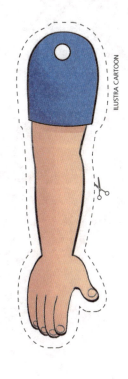
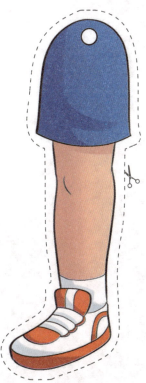

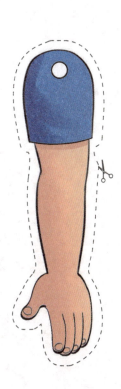

# PEÇAS PARA A ATIVIDADE 1 DA PÁGINA 70.

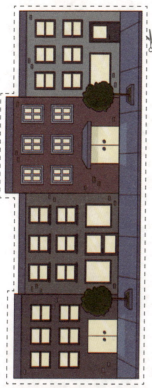
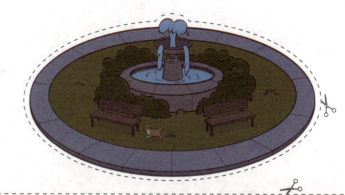

# PEÇAS PARA A ATIVIDADE 1 DA PÁGINA 97.